《诚乐教育新思维——以兰州市第三十二中学为例》编委会

主　编　滕立玲

副主编　卫丽君　冯乾天　张　健　赵建聪

参　编　胡生文　李彦彬　李维荣　徐曦雯

石延德　孔冠桥　李　佳　陈　洁

王玉英　王忠骞　海　燕　李淑华

伍月娥　秦国柱　刘利琪　陈月旭

邹　宏　王江涛　白建鸿　徐春梅

张琦武

诚乐教育新思维

——以兰州市第三十二中学为例

滕立玲　主编

蘭州大學出版社
LANZHOU UNIVERSITY PRESS

图书在版编目（CIP）数据

诚乐教育新思维 ： 以兰州市第三十二中学为例 / 滕立玲主编. -- 兰州 ： 兰州大学出版社，2017.12
ISBN 978-7-311-05290-4

Ⅰ. ①诚… Ⅱ. ①滕… Ⅲ. ①学校教育—研究 Ⅳ. ①G4

中国版本图书馆CIP数据核字(2017)第328223号

策划编辑　濮丽霞
责任编辑　王颢瑾
封面设计　陈　文

书　　名　诚乐教育新思维——以兰州市第三十二中学为例
作　　者　滕立玲　主编
出版发行　兰州大学出版社　(地址:兰州市天水南路222号　730000)
电　　话　0931-8912613(总编办公室)　0931-8617156(营销中心)
　　　　　0931-8914298(读者服务部)
网　　址　http://press.lzu.edu.cn
电子信箱　press@lzu.edu.cn
印　　刷　甘肃澳翔印业有限公司
开　　本　710 mm×1020 mm　1/16
印　　张　16.75
字　　数　272千
版　　次　2018年3月第1版
印　　次　2018年3月第1次印刷
书　　号　ISBN 978-7-311-05290-4
定　　价　66.00元

(图书若有破损、缺页、掉页可随时与本社联系)

序 言

摆渡人

记忆如此之美，值得灵魂为之粉身碎骨。

作为一名从事成人心智训练二十多年的职业培训师，记忆中美好的画面很多，或者说，训练过程中每一次与学员思想碰撞、心灵交流的瞬间就构成了我的记忆本身。

十几年，一百四十多期，数万名学员……他们的欢笑与泪水，他们的感悟与改变，是他们的生活和记忆，也是我的生活和记忆。这份记忆让人感叹，让人眷恋。

从城关区区委区政府的《心灵之旅》，到西固区教育局的《唤醒爱》，再到兰州市第三十二中学的《诚乐教育新思维——以兰州市第三十二中学为例》，每一次学员的思考和感悟都让我震撼，让我喜悦，让我成长。

《诚乐教育新思维——以兰州市第三十二中学为例》是三十二中六十多名老师的心灵小札，是已经逝去的2016年的那三个平淡的日子。此时此刻，翻阅着这本小札，我的心沐浴在无比的恩宠之中。

我们彼此陪伴着走过了三天，三天是一生，一生也是三天。人生的难，不在于活不下去，而在于曾经那样活过。在急弦繁管的大时代里，谁也不能保证自己的一切恒定不变。于我而言，这么多年来一直深爱着我的职业，因为每一期每一位学员都在用自己真实的存在影响并滋养着我，都是我的摆渡人。这种存在里面，有一种对人性和人生盛景的肯定和自信。

如果命运是一条孤独的河流，谁会是你的灵魂摆渡人？投入自己热爱的生活，我们是彼此的摆渡人。

感谢滕立玲校长发起组织了这次培训，感谢与三十二中教育人的这次美丽邂逅！

刘逸舟

2017年5月4日

前　言

兰州市三十二中的前身是桃树坪小学、范家湾小学、拱星墩小学、段家滩小学四所小学附设的初中班，在1967年至1968年9月期间，四校初中班合并迁入东岗东路187号。为传承四校的历史文化，创办有深刻文化内涵的学校，经兰州市教育局批准，依据学校的地理位置，学校定名为兰州市东岗中学，1968年9月更名为兰州市东风中学，1985年7月又由兰州市教育局更名为兰州市第三十二中学。

2015年9月，根据学校的发展历史、师资水平、生源和设施等情况，在传承学校原有校园文化的基础上，我校确立了以“诚乐”为核心的学校文化体系。以“诚朴励学　健康致乐”为校训，意在让师生拥有“诚朴”的品质，经过“励学”的过程，达到身心“健康快乐”的目标。提炼“诚乐”二字为核心，“让学校成为师生健康成长的乐园”为学校发展愿景。学生乐学，教师乐育，让全体师生感受到人生每个阶段的幸福。

罗丹说：“工作就是人生的价值，人生的欢乐，也是幸福所在。”对一名教师而言，其生命最宝贵的时光大都投注于学校教育中，教师的快乐幸福自然在工作中。不是抱怨，不是周而复始，而是在工作中创造，在工作中发现自己、悦纳自己，努力成为更好的自己。

写作就是发现、肯定、成就自我的一个过程。通过坚持写教育反思和教育故事，坚持写个人的教育活动体验，教师不断积累经验，形成具有个性特色的教学思维方式与行为方式，促进教师对教育实践中的很多问题进行深入的观察与思考。这一方面促进教师的专业发展，提高实践能力，提升理论水平；一方面让教师的情感得到宣泄、升华，教育的智慧得到较好的凝聚。通过写作，教师能增加对教育生活的感悟，丰富积累教育教学经验，促进生命质量的提高。

基于此，学校积极组织各种教育活动，在丰富教师教育生活的同时，通过感悟、反思等写作活动，力促教师在专业发展方面有所提升，帮助教师

"过一种完整幸福的教育生活"。教育写作应成为教师的一种基本的专业需求，成为我校教师的一种教育生活方式。

我们需要的是行动，需要的是坚持。只要行动，就有收获；只要坚持，才有奇迹！

滕立玲

2018年1月

目录

心智篇

善教篇

后 记

【心智篇】

心灵的驿站 / 滕立玲

作为教育变革时期的基层教育工作者，我们面临着继承与创新的历史使命，通过文化引领校园，弘扬正能量，使校园处处充满欢声笑语。教育就像一辆驰向未来的时代列车，师生是乘客，我们有缘相聚在兰州市第三十二中学这辆教育的列车上。教师是乘期较长的乘客，不断有学生上车，相遇三载，又换新的成员，在教育列车上相遇的都是生命中的有缘人，相遇是一段人生宝贵的资源。我们力争让学生成为教育旅途中愉快的合作伙伴，成为我们美好的回忆。

一、开启新的教育征程

随着时间的列车开到2015年9月11日，我怀着忐忑不安的心情，在蒋毅群局长一行人的带领下，来到了我的职业生涯的第三站——兰州市第三十二中学。面对新的环境、新的岗位，我思考良久，首先要学习治校的新理念、新思想，尽快熟悉三十二中的现状，了解三十二中的发展历程，尽快融入三十二中这个集体中，传承和发扬三十二中的优良传统，不断理清和完善学校发展的思路，担当好责任，履行好职责。城关教育局对三十二中的发展寄予厚望，三十二中的教师对我们的工作充满期待，我将与三十二中的同人们一道，在以上级教育部门的坚强领导下，以时不我待、只争朝夕的精神，不负重托，不辱时代的使命。记得杨绛先生曾说过，“教育是管教”。在学校里，每个人的岗位不同、职责不同，从任课教师、班主任到组长，每个人都是学校的一分子，学校的发展离不开每个成员的共同努力。德国有句谚语说，“个人的努力是加法，团队的努力是乘法”，着手打造学校教师团队，以教研组为核心搭建提升教师教学能力的平台，以年级组为核心搭建提升教师教育能力的舞台，使学校步入良性发展的轨道，进而促进学校的可持续发展。

教师要想更好地履行好教书育人的神圣职责，必须首先成就自己。孔子曰：“己欲立而立人，己欲达而达人。”真正决定学校教育品质的是每一位教职工。教书育人，为学生提供优质的教育服务，守望学生的成长，在陪伴学生成长的过程中，必须不断丰富自己，提升自己的教育教学能力，进而提高工作效率，更好地服务于教育教学工作。

人生没有彩排，每一刻都是现场直播，在三十二中这个新的集体中，有缘与三十二中的同人相遇。这也是我职业生涯中的重要工作历程，我将珍惜人生的缘分，和三十二中的同人们，遵循教育规律，创新教育模式，共建和谐校园。

二、良好的开端是成功的一半

回顾从教28年的工作历程，1988年刚参加工作，我就承担了班主任、大队辅导员、团支部书记和化学教学工作，为尽快适应角色的转变，我拜兰州第四十三中学教导主任钱崇禄先生为师，每天有时间就去听钱主任的化学课。在钱主任的指导和帮助下，在1989年4月7日城关区教育局举办的首届青年教学新秀中，荣获城关区青年教学新秀称号。这次获奖使我对化学教学产生了浓厚的兴趣，对争做一名优秀教师充满了信心。随着时间的推移，我在承担九年级化学教学的同时，先后担任年级组长、教研组长、教导主任、主管教学的副校长和校长。每次岗位的变动都为我提供了学习的机会，使我在学习中寻找生命的乐趣，不断完善自我，提高了自己的教育教学管理水平。教无止境，这需要我们一代一代教育工作者去探寻。结合教育教学实际，我总结了自己在教育教学工作中的理念：

一个核心：师生共同成长。树立和培养素质观、人才观、质量观、教育观、教学观、教师观和学生观。

两个原则：规范与科学。不断总结教育、教学和管理的规律。

三种意识：以人为本意识、细节意识、发展意识。整合反映时代精神、强调以人为本、促进主体发展、借鉴与创新相结合的现代教育思想。

四个关系：教育和服务的关系、尊重和发展的关系、师生平等的关系、继承和创新的关系。积极思考，长远发展。

五个支柱：以分层教学为宗旨的学科教学论，以培养责任为宗旨的班级工作论，以学会学习为宗旨的学习方法论，以身教大于言传为宗旨的家庭教育论，以领导力与执行力相结合为宗旨的学校管理论，以及由此派生的一系列相关的理论和具体方法。

三、着手打造团队

2016年4月15日至17日，我们有幸参加了刘逸舟团队精心打造的心智装备培训，使我进一步认识到团队在学校发展中的重要作用，只有依托优秀的教师团队，才能打造出优秀的学校。家庭教育对人的一生起着至关重要的决定作用。作为母亲和教师的我，如何做最好的自己，给孩子起到表率作用，对此我需要重新审视自己。在家庭中，我们每个人都会影响三代人的幸福，即长辈、孩子和夫妻的幸福。回顾自己的成长历程，我的父母身体力行，尽他们最大的努力创设了良好的家庭氛围。父母的言行得到街坊四邻的称赞，他们是我们的榜样，让我们深深地体会到身教大于言传。在新的学校工作中，我面临一系列新问题：了解学校的历史和发展轨迹，熟悉每一位教职工的实际情况，带领教职工针对学校现状制定学校的发展规划；完善学校的规章制度，更新教育理念，确立以奖励为主的激励机制；调动教职工的积极性，引领教职工为学校的发展出谋划策，使人尽其才、物尽所能；发挥教职工个体的优势，为学生提供良好的教育教学服务，让教职工在服务学生的同时将教职工自身特长和教育教学工作相结合，发展个性，成就自己，和学生共同成长，推动学校步入良性发展的轨道。

为了教师团队的发展，立足教科室、教导处和教研组打造教学专业团队，立足德育处和年级组培养班主任团队；分期分批选派班子成员、班主任、组长和部分教师到教育发达地区学习培训，开阔眼界，了解教育发展的最新动态，谋求教师成长的途径，让教师在提升自己的同时，更好地为学生服务。对于教育教学中有问题的成员，选派到名校，拜请名师，通过师徒结对帮扶，跟班培训，端正态度，提升教育教学能力，改进教育教学方法，力争让每一位成员跟上教育发展的步伐，成为学生成长路上的伙伴。

四、做教育的守望者

随着社会的发展，对教育要求也发生了变化，随之而来的中考、高考制度的改革也发生着变化，对教师的要求也在不断提升，对学校的课程设置、管理方式、教师发展、学生发展和校园文化也要赋予新的时代内涵。

为了适应现代化学校的发展要求，充分发挥学生的特长，满足学生个性化的要求，我校在开齐开足国家课程和地方课程的基础上，增设足球、空竹、剪纸、书法、象棋、数学与生活、国学经典诵读、名著阅读和科学课等校本课程，开展车模、航模、无线电定向测向、机器人和田径等21个学生社团，以七年级为主开设班级校本课程，成立以教科室为主的课程研发小组，健全评价机制，确保校本课程的实施。

没有规矩不成方圆。同样，学校教育离不开管理制度。向学校管理要质量，是每一位管理者的心声。学校管理的出发点要立足于师生的发展和学校的可持续发展，在实行制度管理的基础上，结合人文服务，将刚性管理和柔性管理相结合，各项工作在做到合格的基础上，追求个性化的服务，实现管理效益的最大化，达到无为而治。

教师是学校可持续发展的有生力量，我校现有71名教职工，两人借调上级有关部门，一人长期病休，一人交流到其他学校，实际在岗67人。如何盘活教师这盘棋，是我们每一位管理者首先要思考的第一要务，既要发挥每位教师的特长，又要立足于教师的发展，为教师创设好发展的平台，和教师一起寻找奋斗的方向，开拓教师成长的空间，为教师的幸福人生铺路搭桥，带上自己的阳光行走在教育的花园中，做好一名教育的守望者。

❀ 本文作者系中学化学正高级教师，现任校长。

改变，从“心”开始 / 冯乾天

兰州的五月，天高气爽，在这个美丽的季节，我怀着激动的心情，在一个周末的中午，搭乘三为盛世教育集团心智装备训练营的接送专车，来到兰州市的风景胜地兴隆山山脚下，开始了为期三天的培训。这三天就是一生，因为一生只有“三天”：昨天、今天和明天。这三天的培训让我明白了一个道理：改变，从“心”开始！

也许是以前参加的培训都是业务培训，所以每当参训培训时都比较麻木，甚至有些许抵触情绪，但是这次的培训从一开始就让我感到与众不同，让人有一种耳目一新的感觉。参加完这三天培训之后，我切身体会到不虚此行、大开眼界。这次培训给我留下最深印象的就是主训师刘逸舟先生，他的报告案例丰富、语言犀利，内容深入浅出、通俗易懂，蕴含着很多看似平常却寓意深刻的哲理，他总是能把一场小小的培训活动推到心灵深处，让学员心灵为之震撼。刘逸舟老师的那些经典话语让我们刻骨铭心：成长自己，帮助别人；帮助别人，成就自己；你心里装着什么，你就会寻找什么，寻找什么，你就会发现什么，发现什么，你就会得到什么。这些话语鼓舞激励着我，使我的心灵受到洗礼。

这次培训中，我们组建了新的“家庭”，在“家庭”中我被推选担任“爸爸”的角色，承担起了这个“家庭”的领导责任。就是这个“爸爸”的角色，让我对自己在真实生活中担任了二十多年的这个身份有了更深刻的认识，甚至我还怀想起自己已故的父亲。他是一位普通而又平凡的农民，一生中最远的出行就是来兰州看望工作后的我，但他在我人生成长中付出了许多……我认识到“父爱如山”不仅仅是对父亲爱的礼赞，更是对为父者肩上责任和一家之长担当的最好诠释。

培训方组织了四个拓展培训游戏。

第一个游戏是“同舟共济”，让我感受到了团结的力量，只有“心心相印”才能共渡难关。

第二个游戏是“生命之旅”，让我体验到了信任的重要性。我从一个漆黑的房子里，扶着一个被蒙住眼睛的“盲人”，用“心”去扶她穿过丛林，身边的荆棘在我们的衣服上唰唰划过，脚下的石头时刻磕碰着我们，我们的“心”紧紧地连在一起，只要我们的心在一起，就没有过不去的艰难险阻。现实的生活也是如此，心在一起的家庭一定是幸福的家庭。

第三个游戏是“领导风采”，游戏不仅让我们明白了服从领导、理解领导的含义的重要性，更让我明白了担当与责任的重要性。在日常的学校管理工作中，敢于担当的领导才是好领导。

第四个游戏是“众志成城”。一根小小的竹竿让九颗“心”凝聚在一起，彼此只有一个信念——“成功”。只有“心”往一处想、劲往一处使、才能同心协力，走向成功。学校教职员工的心在一起就是一个优秀的团队，优秀团队就一定会促使学校发展和进步。

四个小游戏，四重大道理，解开了我“心”中的诸多困惑，使我豁然开朗。

难忘的培训结束了，大家坐在返程的大巴上，沉浸在培训的无尽回味中。我隐约听到车厢中回荡着“心若在，梦就在，天地之间必有真爱，看成败，人生豪迈，大不了从头再来……”这首平时就比较喜欢的歌，今天听来别有一番感觉。我们生活、学习、工作等一切又何尝不是如此呢？用一颗平和的“心”面对自己所处的环境，能改变的就尽力去改变，不能改变的就去接受，用阳光的“心”对待工作，心中就永远充满快乐，心无杂念，会让人生活得轻松而坦然。在我们人生道路上，也许会有很多波折，但只要我们鼓起勇气，勇敢面对，就没有什么战胜不了的困难，没有走不过去的艰难险阻。一切改变，都需从“心”开始！

本文作者系中学化学高级教师，现任学校书记。

打开心灵的窗户 / 张　健

四月的雨，淅淅沥沥地落着。早晨起来，一切都很湿润、清新。雨后的兴隆山，满目翠绿，行走在潮湿的小径上，清风微拂，错落的土岩中伸展出一丛丛倔强的小草，顿觉心怡神爽。兴隆山的春天，景色迷人而忧郁，一座座山头笼罩在雾气当中，正如仙境一般。

茫茫天地，每个人都有无数的际遇，那冥冥的际遇，就是“缘”。在这样一个多梦的季节，我和十几位同事参加了学校组织的为期三天的“心智装备训练营”。去的路上，大家有说有笑，尽情地释放着工作带来的种种压力和不快。而我，对此次培训并不抱太大的期盼，权当是工作之余的放松吧。

培训就这样不知不觉地开始了，随着培训的深入，我逐渐感觉到此次培训并不像我想的那样简单，似乎有一种东西在吸引着我，我的心逐渐随着培训师延伸到了远方……那里，藏着每一个人内心的柔弱，它，演绎着苦辣酸甜、喜怒哀乐，演绎着人生，演绎着每个人的悲欢离合，也许，这就是我和刘逸舟“缘”的结果。

一、孝为本

儒家《孝经》章曰："身体发肤，受之父母，不敢毁伤，孝之始也；立身行道，扬名于后世，以显父母，孝之终也。夫孝，始于事亲，中于事君，终于立身。"由此可见，孝文化在中国五千年文化发展史中的作用可以说是任何一种观念所无法取代的。孔子曰："孝，德之本也。"只有孝敬父母的人，才是一个在社会上有责任心的、高尚的人。

小时候总希望快快长大，因为长大了就可以不再听父母的唠叨，就可以不再担心自己的"胡作非为"受到父母的管教，从此可以摆脱束缚，任性而为。如今，人到中年，经历了青春的些许酸涩、些许苦楚，蓦然回首，慢慢理解了一路走来叮嘱自己的父母的心情。因为我们也开始不停地唠叨小辈，开始不断地追问他们的行踪，限制他们的行动自由。无意间，发现自己的黑发已盖不住白丝，两鬓的白发由一根、两根变成了一片、两片，终于有一天我们开始期盼：时间，时间，你慢些吧。

到了这个年纪，往前，是强大的自己，庆幸的是自己已可以赚钱，可以养家，可以变得更成熟，也可以变得更加具有魅力，同样带来的是更多无人管束的自由。可是，往后，是止不住父母的白发、满脸的皱纹和弯曲的背。

感情虽然不能以道理来论，但它却可以控制你的大脑。意识里的亲近和情愫里的依赖，潜意识的行动和行为上的习惯，是多少道理也拉不回来的直行，哪怕横冲直撞，甚至愚蠢，也阻挡不了感情上的难受和爆发。

母亲说，人最快的时间就是20岁到30岁，20岁以前觉得总长不大，30岁以后觉得干什么都缺乏激情。只有这十年，一晃便从指间匆匆溜走了，转眼就到了自己上有老吃喝拉撒、下有小嗷嗷待哺的疲于奔命的阶段。

时间的年轮在氤氲的空气中发酵，上班漫长无期，加班烦恼无数，夜间孩子的哭闹更是令人烦躁，夫妻间的别扭也让人感到头痛。

一切的琐碎硬生生地把生活拉长，磨蚀了棱角，腐朽了年华，但时间是锁不住衰老的。

逝去的时光如决堤一般。直到有一天，年迈的父母再也站不直背，骨骼像被侵蚀一样镂空，已承受不住岁月的力量。他们的言语里满是等待和期盼，满是对儿女的牵挂，只有在听到儿女从远方归家的消息时才觉得时间被幸福放慢。时间在拉长他们的孤单和落寞，在加快他们衰老的步伐。"树欲静而风不止，子欲孝而亲不待。"每每看到父亲坐在躺椅上用颤抖的手端起茶杯，母亲带着老花镜在透着阳光的窗前努力地读着曾经的家书，心中的痛更是难以平复。其实，父母要的真的不多，一句随意的问候，随手买的几个水果，煮一顿再普通不过的晚餐，睡前帮他们盖盖被子，天冷帮他们添件衣服、戴一双手套……都能让他们高兴很久。我常在思考：我希望我的子女以后如何待我。那么现在，我有没有以同样的方式对待我的父母？我相信，人是环环相扣的，现在，你如何待你的父母，以后，你的子女就如何待你。

所以，当我们拉不住衰老，就别在岁月之外苍老了父母的年华。

二、勤为上

——“天行健，君子以自强不息。”

又是春花烂漫时节，游人纷纷走出户外，肆意地释放经冬的疲倦。远处的山坡，遥见几个乡下农家人在田间耕作，这边吆牛扶犁，那边平整麦田，汇成了一幅动人的春耕图，他们全无游人这般闲情逸致。他们的心思都投到了春耕之中。想想也是，人若误地一时，地必误人一年。农时真的耽误不起。

由于教学工作的繁忙，难得在这样的暮春时节去山里走走。此时，被关进办公室的心绪不甘寂寞地飞进视野里苍翠的远山。看着这些农人繁忙的工作景象，忽然感悟到：这些农民朋友为农事忙碌、操劳，从未让别人催促或监督，却能随着节气和时令的变化安排着四季的活动。春种夏长，秋收冬藏，年复一年，他们播种着希望、经营着企盼、收获着幸福，到了翌年春节才能闲下来盘点收成、走亲访友、喝酒娱乐、老少团聚。只要春节一过，马上又重复上年的农事劳作。当然，经商的、打工的、求学的……也都从节日慵懒清闲的气氛里走出来，奔赴各自的轨道，无须催促。

由此，我又想到了我所从事的教师职业，是不是也应该像这些农人一样，以他们对脚下这每一寸土地的热爱去干好自己的本职工作，无须催促，无须监督。教育工作本身充满了艰辛、困惑和挑战，它需要教师去面对、去开拓、去揭示教育的真谛。选择了教师，就选择了神圣和崇高，就选择了艰辛和奋斗。为了孩子们的健康成长，我们有什么理由不为之勤奋工作。勤奋工作理应成为教育队伍的一种时尚和追求。工作着、奋斗着，我们无怨无悔。“天道酬勤”，这是一种积极的人生境界，珍珠的光芒那只是须臾，只有泥土的厚实才是不朽。

在生活中，很多事情总是有一些失败、落寞、悲痛、伤心、难过、丧气……在生活中，又有多少事情能尽如人意呢？也许这些事无关紧要，你只要打开心灵的窗户，就会发现一切都是那么和谐、美丽。

雨，还在下。我，安之若素。心，无比沉静……

本文作者系中学语文高级教师，现任副校长。

感恩 惜福 / 赵建聪

2016年4月，我有幸参加了北京三为盛世企业管理咨询有限公司首席培训师刘逸舟老师的心智装备课程，收获颇丰，感悟较多，引发了我对工作、生活的一些思考。

及时调整自己的情绪，敞开心扉，接受新鲜的事物，不断用新鲜的、积极向上的、正能量的事物来武装自己的心智，用乐观的态度对待日常的生活，用孩童般的心智捕捉生活中美好的事物，这是本次心智装备培训的核心。

当自己的眼睛被蒙上的那一刻，我立刻感觉到被黑暗吞噬，随之而来的是一丝丝恐惧和少许无助；当电闪雷鸣、风雨交加般的音乐响起时，我内心的恐惧和无助迅速加强；当作为“拐杖”的“哑巴” 同伴用动作示意“人生之旅”开始时，原本熟悉的大厅变得陌生，使我不敢正常地前行，只能试着一点一点向前走；当同伴示意下楼时，我一只手紧抓同伴的手，一只手紧抓扶手，仿佛这就是救命稻草；当走出大楼时，刚刚下楼时的自信一点也没有了，只能又一点点地摸索着往前走；当听到潺潺的流水声时，我按照同伴的提示，一只伸下去的脚还是无法踩实，心中的恐惧又一次加大，唯有紧紧地抓住同伴的手。

然后是穿过荆棘丛、穿过树林、穿过障碍物、上山、下山…… 当我上不去时，同伴竭尽全力帮助我；当下山面临危险时，同伴竭尽全力保护我……走着走着，我心中的恐惧慢慢退去，在黑暗中的步伐更加坚定。一路走来，耳边唯有同伴的喘息声。“生命之旅”从最初的一点点恐惧到加强的恐惧，到后来的一点点恐惧，再到逐渐自信，到完全自信，到大胆地大步往前迈。前后心理的变化，主要来自对同伴的信任。当眼罩去掉时，作为我“拐杖”的“哑巴”同伴竟然是我的同事。感谢、感恩，所有的一切都化作拥抱。感谢我的同伴，感谢你的一路相扶、相携、相伴，毫无怨言，不抛弃，不放弃。

短短的半个多小时，经历了“漫长的人生之旅”，有太多太多的感悟，人生何尝不是这样。小时候，当蹒跚学步时，刚开始不敢走，扶着墙，在父母的鼓励与扶持下，慢慢迈出人生中的第一步。没有摔倒，很好！第二步，第三步……

感谢母亲，人生的步伐是在母亲的呵护与鼓励下开始的！母亲，人生中最值得信赖、最值得尊敬的、为我付出最多的人！感谢母亲，感谢您把我带到这个美妙的世界上。感谢您，感谢您温暖的怀抱，这是我从幼儿开始，将永远不会忘记的记忆。您就是我人生中的“哑巴拐杖”，默默地呵护、扶持、鼓励、帮助我一路前行。是您，默默地付出，为了家庭毫无怨言。把我们这些儿女拉扯成人，是您最朴素的愿望与人生目标。当我们一个个长大成人时，你却已经老了。当我忙于工作、忙于养育自己的儿子、忙于操持自己的小家而没有报答您时，您已经很欣慰、很满意地欣赏着我的生活，为把我拉扯成人、能到省城工作和生活而感到高兴。对您，我有太多太多的心里话要说……

感谢父亲，您是我人生中、我心中永远可以依靠的大山，我是您生命的延续。家庭的重担、生活的烦恼都属于您，而作为您的儿女的我们，是在您和母亲撑起的大树下无忧无虑地成长起来的，是您和母亲为我们遮风挡雨。我们没有淋到一点雨，没有感受到一丁点风，而您和母亲却已满身风雨。您没有对我们讲太多的人生大道理，您的默默承受与默默付出，就是我们做人的标准，就是对我们讲的人生大道理。儿女是您的骄傲，儿女过得好，是您人生中最大的愿望，仅此而已。父恩如山，父恩如山……

感谢我的爱人，我们有了聪明可爱的小宝贝，有了幸福温暖的小家。简单的午餐、晚餐，是我心中永远的美味佳肴。儿子因感冒发烧而哭闹时，你想尽一切办法照顾好儿子，有时整夜不能睡觉。在操持家务、抚养儿子方面，你付出了那么多才能让温暖的家更加温暖，才能让我安心工作。感谢我的儿子，你给我们带来了无穷的快乐，给我们的小家庭带来了无限的幸福。因为你，我们三个成为《熊出没》的“演员”，而且连续“演”了好几年。每天，你给我们分享学校里的新鲜事。我们一家就是名副其实的“吉祥三宝”，我们的小窝里总是欢笑声不断。每当我忙碌到深夜、一身疲惫，当看到儿子在爱人怀抱中幸福地睡着时，就感觉到为家庭付出、为爱人、儿子付出是多么值得！天伦之乐，是人生中最大的乐吧！

感谢我的兄弟姐妹、我的亲人们，在你们的鼓励、帮助与支持下，我在人生的道路上顺利前行。

感谢我的老师们，是你们带我从“青青园中葵、朝露待日晞”中开启了我的学习生活。从颜真卿的“三更灯火五更鸡，正是男儿读书时，黑发不知勤学早，白首方悔读书迟”中不断励志。从宋真宗赵恒的“富家不用买良田，书中自有千钟粟，安居不用架高堂，书中自有黄金屋，出门莫恨无人随，书中车马多如簇，娶妻莫恨无良媒，书中自有颜如玉，男儿若遂平生志，六经勤向窗前读”中体会上学的快乐，憧憬美好而朴素的未来……在我求学的道路上，是你们无私的奉献、鼓励、支持，使我在学业上取得成功，走进知识的殿堂——美丽的大学校园，顺利从事教书育人的事业。

感谢我的孩子们，你们是我的骄傲，是我永远的孩子们。是你们，让我在事业上满怀信心，一路前行。感谢你放在我桌子上的一个红苹果、一小盒金嗓子、一张贺卡，感谢你在教师节的一声问候、一条祝福，感谢你在毕业典礼上的献词，感谢你考上理想学校时的告知，感谢你在新加坡求学时打来的第一个春节祝福电话、第一条祝福短信，感谢你走上工作岗位、成为老师时的告知……

孩子们，是否还记得，我们一起愉快地度过了两年，原以为能够陪伴你们到毕业。当工作调动的公示贴到校园里时，你们都哭着来找我，问为什么要离开你们。我虽表面强装欢笑，但感觉确实做了件对不住你们的事。当时的心情确实糟透了，周华健的歌“其实不想走，其实我想留，留下来陪你每个春夏秋冬”是我当时的心声。原本开心快乐的英语课堂，只能在离别的悲伤中度过，你们含着眼泪上每节课。我不敢正视你们，只能看着后面的黑板讲课。开完会后，想到随时会离开你们，每一节课有可能是最后一课，就有很多话想对你们说，但话到嘴边时，看到你们的泪水，只能藏在心底。精心挑选的巧克力、每人一册的中考语法复习总结资料、答应你们的班主任从七年级特调上来代替我的英语老师是我对你们的感激。很高兴能够和你们一起度过第三个教师节。本希望上完教师节的课，但没想到竟成了永远无法实现的奢望。不想跟你们说再见，离开你们时真的没来得及说再见。好长一段时间，我没有因为自己事业上的小成就而高兴，而是在愧疚与感激中度过每一刻，感谢优秀的你们，感谢你们优秀的父母！孩子们，你们是学校的骄傲，你们是父母的骄傲，你们也是我的骄傲，我为你们而自豪！

感谢我的朋友、我的同事，感谢在我事业上、生活中默默付出的人……

感谢，感谢，太多的感谢……

感恩，惜福！

❀ 本文作者系中学英语高级教师，现任副校长。

教育，激发的是善的力量 / 李彦彬

从教多年，一直在思考，教育是为了什么？一次培训的经历让我对此有了一些更深刻的感悟。

那是一次由刘逸舟先生领衔主讲的培训活动。当美丽的兴隆山在身后越来越远、渐渐消失，当培训的火苗越来越微弱，三天两夜填塞的东西似乎已记不起多少，只有那些游戏仍在脑海中萦绕，仿佛要告诉我些什么。

恍惚间，想起一个有趣的故事。故事问的是什么东西的力量最大，答案竟然是植物的种子。生理学家和解剖学家想要打开人的头盖骨，但由于人的头盖骨结合得非常致密而坚固，生理学家和解剖学家用尽各种办法想要完整地分开头盖骨，但都没有办到。最后，有人把植物的种子放进头盖骨里，种子发芽了，头盖骨被完整地分开了。

小小的种子发起芽来能产生如此惊人的力量，让人不禁想：小小的游戏能激发的是什么呢？素不相识的人们，在进入游戏后，积极地参与到游戏当中，自觉承担起自己的责任，并且能够尽自己的力量去帮助、爱护同伴。这激发的是什么力量？是善的力量。

就说这次的“穿过电网”游戏吧，要把人从吊起来的小框中（模拟电网）传送过去（每组十人，且胖瘦不一，男少女多。从模拟的小框中传送队友，不触电且传送多的为胜），又不能触碰四面的“电”，难度是较大的。此时，你想到的可能是如何安排身强力壮的男同志把娇小瘦弱的女同志传送过去的办法，或者是如何更快完成任务的策略。没错，这的确是值得探讨的问题，但我想说的是安全问题。在二十三组的比赛中，无一人受伤。有人会说，那是安排得当，传送过去的都是瘦弱的人。其实，很多个组成功地将一米七八的大个子男同志（也有女同志）送过“电网”，安全“着陆”，而送他（她）的恰恰是一些娇小瘦弱的同志（大多数是女同志，有的组全部是女同志）。这仅仅是安排得好吗？就算是安排、配合得好，又如何在短时间里达到这样的效果呢？

仔细想一想，这是善的力量被激发的结果。正因为善的力量被激发出来了，成员的责任意识得到了强化，自觉地把关心、爱护每个“过电网”的人当成应尽的义务、责任，使出吃奶的力气，你抬我举，多人合作，将“过网”之人托起、平举、放下、扶起。试想，如果不是善的力量，人们怎会尽全力去帮助一个陌生人？

如果说“过电网”的游戏在激发善的力量上还有些牵强的话，那么“生命旅程”这个游戏便是对善的力量最好的诠释。

试想，在平常的生活中，让你去扶一个陌生人（即使比较艰难地行走着），你会怎么做？你会左右为难，会推三阻四，多种想法在脑海中阻止你扶，不是吗？但就是这个简单的游戏，你没有推诿，反而全力以赴，全身心地（主要指“哑巴”）去帮助那个陌生人——“盲人”。是培训师给你了什么承诺，还是“盲人”会给你出乎意料的好处？都不是，但你却无怨无悔地去做，并且是尽职尽责地去做，把事情努力做到最好。你宁愿自己走危险的地方，把安全留给“盲人”；你宁可自己被刮伤，也要用衣服、用手护住“盲人”；你甚至俯下身子，背起“盲人”前行。是什么力量，让你能够心甘情愿地帮助一个陌生人？

这难道不是善的力量吗？是善，让人心中那丰富的感情更加细腻起来。这时候，“哑巴”不再是与“盲人”不相干的人了，他们为人父，为人母，为人子，为人女。甚至把自己幻化成天使或救苦救难的佛者。这时的“哑巴”变得坚强起来、勇敢起来、强大起来。他们这时就是“盲人”的保护神。不管此时的“哑巴”如何瘦弱，他的责任、他的爱心，促使他扶住“盲人”，他身边这个无助、胆怯、害怕、茫然地伸手乱抓的“盲人”。这时的“盲人”在“哑巴”的眼中，令人同情，需要帮助，这就是善的力量作用于“哑巴”的结果。

善的力量不只体现在“哑巴”身上，也通过“哑巴”的一举一动传递给了“盲人”。“盲人”最初茫然无助，感到恐惧，虽然有“哑巴”的扶持，但他们仍然脚下蹭着、试探着，手在空中摸着、抓着，总想靠自己的力量来保护自己。后来渐渐感到离开“哑巴”的牵引、拉扯、阻挡、推搡等善意的帮助，自己简直寸步难行。这时的“盲人”对前面的路一点底都没有，没办法，只能依靠“哑巴”了。在“哑巴”的扶持和引导下，“盲人”渐渐地从当初的不知所措中走出来，也感觉到了来自“哑巴”的关心、爱护，心中的善念也一点点被激发出来。除了信任与顺从，“盲人”在自己觉得比较狭窄、湿滑、难走的地方，会用手去反抓“哑巴”，担心、爱护之心油然而生，生怕“哑巴”也受到伤害。此时的“盲人”，心中的善念在不断地燃烧、升腾，他们不再把“哑巴”当作陌生人，而是当成了亲人和朋友。在前行中，“盲人”不再只是考虑自己的安全，也开始牵挂起“哑巴”的安危来，也更多地在“被扶持”中去扶持“哑巴”。随着游戏时间的推移，原来的陌生人（游戏时不让说话，即使是熟人，至少一方不知道）像家人了，像亲人了。

这就是善的力量！

其实，生活中不是缺少善，而是缺少激发善的机遇、方法。只要引发善念，就能激发善心，开出善花，结出善果。每个人，其实都是一粒善的种子，都能够生根、发芽、开花、结果。

同样，教育也在引领人向善。向善，就是向有爱心、有同情心、有道德心看齐。坚持下去，就会成为有责任、有担当、有益于社会之人。

我们面对的学生，来自不同的家庭。他们家庭情况不一样，兴趣爱好不一样，性别有差异，智力能力有区别。可以说，有多少个学生就有多少种思想。如何发挥教育的作用，才能使其成人成才？没错，就是善心的激发。

我们做老师的，可能会遇到不同的学生。相对听话一些的，就喜欢些，对于调皮捣蛋的，多少会反感些，这也是人之常情。但仔细回忆一下，往往需要老师付出更多的其实也是那些调皮捣蛋的孩子，而且这些孩子也会牢牢记住我们。当然，老师并没有奢求学生记住自己多少，而是期望学生能进步、有出息，更希望“青出于蓝而胜于蓝”。所谓“修合无人见，存心有天知”，这其实不只适用于医者，也适用于老师。老师这一职业，更多的是良心，并不在于谁知与不知。面对学困生时，尽管他们在学习上、行为习惯上时好时坏，也不应该认为这些孩子是在老师的耐心说服、动情激励下，甚至严厉批评中有转变。当自己成功引导了某一个学生，或者是影响了某个学生的时候，看到他们的一点点进步时，将是何等的喜悦呀！况且，在我们的从教生涯中，总有那么几个学生会信任你、崇拜你，甚至追随你走上三尺讲台。想想这些，自豪之情油然而生，禁不住赋诗一首：

从教岂只为束脩，桃李园中绘春秋。
乐闻黄鸟鸣林间，喜看红果缀枝头。
多引活水增见识，广种兰竹高品修。
虽无贤者七十二，解惑传道乐悠悠。

是啊，引领懵懂无知的孩童，知礼、明理，知恩、感恩，懂得珍惜、分享、付出、回报，成为社会的有用之才，成为人类文明的受益者和传承者，就是教育的主要目的所在。

本文作者系中学语文高级教师，现任德育处主任。

发现“生命之旅”的绿洲 / 卫丽君

人生路漫漫，已经历了五十多个春秋的风风雨雨，记不清有多少次接受过别人的帮助，也记不清帮助过多少人。虽然有些细节已随着岁月的流逝而渐渐淡去，但那些帮助过我的人，在我心灵的深处久久伫立着，像灯塔一样照亮我前行的人生之路。有些人，甚至彻底改变了我的人生观念，成为我生命中的汩汩甘泉……自认为已经过了可以被改变的年龄，但在参加“三为盛世心智装备培训”时，我受到心灵的洗礼，感受到心灵的震撼，发现了“生命之旅”绿洲的魅力。

在培训之初，虽然刘逸舟老师的演讲妙语连珠、旁征博引、精彩纷呈、妙趣横生，但对于有着三十年教龄的语文老师的我而言，也只是习惯性地认真倾听，并享受着刘老师的精彩演讲，顺应着会场的互动，并没有太多的感触。因为之前也有朋友参加过类似的培训，在闲聊时也交流过一些看法，所以只是感觉这类培训利于凝聚团队力量，作为一种培训形式，学校组织教师参加很好，并未觉得会对我有什么影响，我只当是在享受学校的福利，到景色宜人的乡间呼吸一下新鲜空气。期间穿插的一些游戏活动，我也仅是遵守规则的一名游戏者，抱着重在参与的心理按部就班地进行着。

培训进行到第二天上午，开展了一项名为“生命之旅”的游戏，游戏之前，我快速预设了好几种方案，针对各个情况都预设了自认为合理的对策，并胸有成竹地等待着游戏的开始。当然，培训方也想了很多办法创设情境，然后出示游戏规则：所有培训人员分为两队，一队是“哑巴”（游戏时不能说话，只能用肢体语言进行表达），一队是“盲人”（游戏时要蒙住眼睛，听从同伴的肢体语言引导）。一对伙伴要相携走过一段崎岖不平、充满障碍的“人生之路”。在进行人员分配时，我被分在“哑巴”行列，单独在另一个场地接受搀扶“盲人”的动作指导，以确保“盲人”的安全。据说所有的“盲人”在我们这些“哑巴”离开后，蒙上眼罩又经历了一番电闪雷鸣的洗礼，前后左右的转身训练，这些“盲人”已经找不着北了。这时“哑巴”依次进入灯光昏暗的训练室，伸手牵起就近的一名“盲人”，相携走过这段平常却令人难忘的“生命之旅”。

我排在“哑巴”队伍的后面，所以游戏伙伴也没有挑选的余地，只能拉起一位身量与我相当的“盲人”。游戏中，我与伙伴按照组织方指定的路线行走，跨障碍，穿丛林，爬高摸低，钻树洞……我根据路途的高低变化给伙伴一个自认为清楚的指示，不甘落后的心理让我不时加快脚步，同伴也能随着我的速度行进，在行进中逐渐达成默契。从中我明显地感受到了伙伴的信任和配合，特别是在上山的羊肠小道上行走时，我们俩互相搀扶着、拉扯着，我感觉到了被信任的那种轻松和幸福，平常上三楼都想休息一下的我竟然没有顾上休息，满头大汗也是浑然不知啊！心中只想着一定要和伙伴顺利完成游戏。

山上的天气说变就变，突然下起了雨，我不加思索就把头上的帽子戴在了同伴的头上，没有想同伴与我素不相识，也没有想我比同伴年长，我只是觉得自己有责任保护同伴，因为在这段不同寻常的“人生之旅”中，我是能看到困难和坎坷的，而她是看不到的，所以保护她就成了我的责任。考虑到安全的因素，组织方临时缩短了路程，我们相携冒雨走在下山的路上，雨越下越大，返程可以自选路程，我尽量选择平坦的道路，我感觉自己与同伴的配合更默契了，我搀扶着她的同时，她也在搀扶着我，我们一起顺利地返回目的地。先于我们回来的人数只有总人数的1/3，我们属于出发得迟、回来得早的一组。黑暗中，我们俩相拥在一起席地而坐，按组织方的要求，我们依然手拉手，在循环播放的背景音乐中静静地等待着其他人。

时间在我久久不能平静的思绪中一分一秒地度过，按规定，她依然是"盲人"，我依然是"哑巴"，我们虽然什么都不能说，但我们紧紧拉在一起的手相互传递着彼此的心意，我想说的话太多太多。我最想说，责任是每个人与生俱来的，无论干什么都要有责任感和使命感，我坚信我是有责任感的、值得信赖的人。我更想说，在游戏中我尽心尽力了，我问心无愧。

全部的人员都回来了，组织方打开所有的灯，"哑巴"帮"盲人"摘下了眼罩，瞬间我们拥抱在一起，情不自禁，不假思索。我是一个不善表达、情感比较内敛、偏理性的人，但我还是忍不住与这个才相识的陌生人紧紧拥抱在一起，好像时间停止了，一切都静止了。正所谓此时无声胜有声，此时所有的语言都显得苍白无力，都是多余的，只有拥抱，紧紧拥抱才可以表达我们彼此的情感，无论相识与否，人们拥抱、握手，表达着相见、相识的感动，在组织方发出信号的时候，我竟不知在何时已是泪流满面……

游戏结束了，午饭后休息时，在与同事们的交流中，我再一次感觉到这次游戏的非凡意义，有"盲人"在游戏中受伤的抱怨，有"哑巴"在游戏中同伴不配合、不信任的烦恼，更有这样那样的牢骚，我在交流中收获了许多……

培训在组织方的安排下有序进行着。场间休息时，一个面带微笑的人走过来塞给我一个纸条，还说着"谢谢姐姐"之类的话，我还在发呆时，她已经离开了，我怔在那里半天才回过神来，坐在旁边的同事们打趣地说："你的收获大呀！都培训出一个'妹妹'来了。"我又仔细读着游戏同伴写给我的纸条……

晚上躺在床上，想着给同伴回复纸条的事。辗转中感到胳膊隐隐作痛，在感慨力不从心的同时，又不由地陷入了沉思中，纸条上的话语浮现在我的眼前："感谢姐姐与我走过的那段难忘的'生命之旅'，在今后的人生旅途中会……"我不过是尽了自己该尽的责任而已，不禁感慨人生又何尝不是如此呢？

"生命之旅"的绿洲是我们每个人的追求和理想，但仅有责任是远远不够的，只有当责任、正确的方法和信任有机结合在一起时，才能开创出"生命之旅"的广阔绿洲！

❀本文作者系中学语文高级教师，现任教科室主任。

从善如流，正心明德 / 石延德

一、我爱人间四月天

四月的世界是绿的，嫩芽开始装扮树上的枯枝，增添了一分柔和，减少了一分刚硬。四月的世界是艳的，五颜六色的花瓣绽放着生命的魅力，就那样安静地愉悦着我们的心。丁香花的芳香淡淡地飘散在空气中，我嗅到了四季轮回的味道，感知到了生命的沧桑，也感悟到了生命的喜悦。

就在这样一个春天，我们赶赴兰州的天然氧吧和避暑胜地——榆中兴隆山，我们参加了由三为盛世文化传播有限公司组织的“心智装备培训”活动。

培训的主讲师叫刘逸舟，一个即将年满五十岁的男人，一个来自甘肃庄浪的农民的儿子，一个操着甘肃河西一带浓重地方口音的、说着不标准的普通话的老师，一个西装笔挺、浑身散发着精明干练、眼中闪烁着智慧和亲和力的帅哥，为我们煲了一锅心灵鸡汤。我们缓缓喝下，灵魂仿佛得到了浸润。

二、现今的社会变了

过去的小学生背一个小书包上学、放学，自己就走了，现在的孩子必须专门有一个大人陪着。当你看到大街上聚集着一群手里卷着宣传广告的爷爷奶奶们时，不是在候着免费量血压、测血糖的，就是在校门口等着接孙子的。当然，学校门口还少不了一身制服的保安同志，正在用他们的一双慧眼识别着周围是否有仇视社会、怀揣利刃的“变态狂”。

过去的邻居像亲戚，现在的亲戚更像邻居。以前人们住的是平房，都在一个大杂院里，邻居家的孩子就像自己的孩子一样，其乐融融。现在人们都住上了高楼大厦，但是门挨门住了十年的邻居最多只说过九句话。

过去人们看见大街上摔倒的老人，赶紧扶起来还要送到家。现在出现这种状况，有的人只是一闪而过，轻灵的如同练过“水上漂”的功夫。有的人驻足观望、凝视良久后转身离去，深得“三思而后行”的真谛。有的人鼓足勇气想学雷锋一回，在用高科技的智能手机多角度、全方位留证据之后，才敢小心翼翼地扶起老人，事后还要感谢老人的“不碰瓷之恩”。

现今的社会，人与人之间多了一些猜疑，少了一点真诚；多了一些冷漠，少了一点关爱。人们的物质生活好了，但端起碗来吃肉，放下碗来骂娘。人们的精神生活多元丰富，但很多人心浮气躁，哪怕一篇微信中的短小文章也不能静心读好。

刘逸舟老师的培训让我们在这个喧嚣的世界找到了一片宁静的休憩空间。他致力于母亲教育，强调母亲启蒙教育的重要性，开发慈善的母爱，唤醒人性的光辉。他希望通过培训，把人们麻木、冷漠、浮躁的心回归自然与天性，找到自己，找到真我，找到纯静。

刚进训练营时，当导师要求大家对身边的陌生人说一句“认识你真好”时，很多人张不开口，即使说出来，话也是生硬的、勉强的；活动最后结束时，再让人们说“我爱你”这样肉麻的话，很多人却是脱口而出，而且声音中流露出的是自然，饱含着的是真诚。几天的时间，人们改变了！“你变了什么都变了，你变了你的长相就变了，你的家庭就变了。”是呀，相由心生，一个人的思想和心态改变了，会写在脸上，会表现在行为上，会影响到一个人的工作、生活和家庭。

作为一个教育工作者，我觉得参加这次培训活动是很有意义的。我们的学校坐落于兰州东郊的城乡接合部，我们面对的相当一部分学生身上都存在家庭教育缺失、行为习惯不好、学习基础较差的情况，给这些孩子当老师，无论是转变思想、培养习惯，还是提高成绩，都是比较困难的事情。其中就有这样一个事例：一个女孩，父母长年在外做生意，这个女孩自己租房居住，是我女儿的同学。有一次在我家学习晚了，我送她回去，才知道她住在一个很偏僻的小巷里。晚上迟一点路上安静得连狗叫声都没有，我真为这个女孩担忧，她一个人是怎么生活的？后来听说，在中考、高考这样对每个家庭都很重要的关口，这个女孩都是一个人去应对，家长只是打电话问候一下。我不禁在想，她的家长"培养"孩子独立能力的胆量也真够大的，方法也真够绝的，就不担心一个女孩子的安全问题吗？不操心她的生活问题吗？也不管孩子的学习与教育问题吗？当我看到有的学生眼神空洞迷离，有的学生随口说脏话，有的学生穿着脏衣服浑身散发出难闻的味道时，我看到的是这个孩子背后的家长和家庭教育，我为这个孩子生活在这样一个家庭而感到遗憾和忧心。"环境对人的影响不是重要的，而是唯一的，你需要什么样的环境，你就去创造什么样的环境。"为人父母者，责任大焉。

我在《发现母亲》这本书里读到，中国教育家陶行知认为："凡人生所需要的重要习惯、倾向、态度，多半可以在六岁以前培养成功。……倘使培养不好，这些儿童升到学校里来，教师需费九牛二虎之力去纠正他们已成的坏习惯、坏倾向、坏态度，真是事倍功半。"此外，苏联教育家马卡连柯认为："教育的基础主要是在五岁以前奠定的。它占整个教育过程的百分之九十……你精心培植的花朵，在五岁以前就已绽蕾。"

可见，一个人所处的环境特别是启蒙阶段的家庭环境真是太重要了。我对"人之初，性本善"这一古训开始有了疑问。我觉得一个人的内心有两扇大门，一扇门里关着的是恶魔，一扇门里住着的是善佛。"一念天堂，一念地狱。"当一个人心存善念，怀着"成长自己，帮助别人，帮助别人，成就自己"的心态时，就会有"予人玫瑰，手有余香"的结果，你的善佛之门就会洞开，恶魔将永远被禁闭。有的人没有良好的家庭环境，从小就养成了一些恶习，随着时间的推移，他内心的恶魔就会恣意妄为，他的潘多拉之盒被打开了，从此一步步走向深渊。"你是你的因，你是你的果，你是你的因果。"一个人种下了什么样的因，就会结出什么样的果，善恶皆是自己的选择。

因此，我想真诚地为刘逸舟老师的"母亲教育"点赞叫好，他所从事的是利在当代、功德千秋的事业！

三、这个世界需要爱

一个人首先要懂得爱自己。一个人能够来到这个世界上已经是不容易的了，能够有一个健全的身体，遇上一个和谐的家庭，碰上一个和平的时代就更不容易了，哪怕是有所缺憾，但是只要坚持去寻找，就一定会找到有所缺憾的原因和理由。人的一生非常短暂，对自己好一点，一定不要亏待了自己。抽一点时间捧书阅读、养心修德，培养一些爱好陶冶情操，费一点力气锻炼身体，春暖赏花，夏暑听雨，秋黄问叶，冬霜踏雪，交友聊天，品茗把盏，岂不快哉！

“或许我们走得太快，或许我们走得太远，以至于我们都忘记了为什么出发。”就像出门旅行一样，不应急于赶到目的地，然后又急于回家，沿途的风光值得我们静心欣赏，一路的故事值得我们悉心品味。

在培训活动中，我对两个游戏印象深刻。一个是有关“盲人”和“哑巴”的“生命之旅”。这个游戏让我们体会到关爱、信任和责任。我这个“哑巴”和搭档“盲人”在活动后有一个简短的交流，现摘录于此。

“亲爱的‘盲人’：感谢上帝让我们携手同行，感谢你相信我这个陌路人。当我牵引着你出发时，你毫不犹豫地把自己的安全交付于我，我心里泛起了阵阵暖意。当我们共赴艰难行程时，我又要感慨你的勇敢和智慧。有缘相识，有缘合作，不胜荣幸之至。——‘哑巴’”

“亲爱的‘哑巴’，你好，很荣幸和你并肩走过了这一段‘漫长而曲折’的人生路，一路上我感受到了你的细心、耐心和一颗充满温暖的爱心。一路走来，你就是我的眼、我的心！是信任让我战胜了恐惧。虽然我看不见一路的风景，但我从内心深处看见的是最美的风景！真心感谢你一路对我的照顾和陪伴！——‘盲人’”

当此项活动结束时，我看到很多人的眼眶是湿润的，他们的拥抱是真诚的，他们的感谢是真挚的。人们有所感动、有所感悟，人们的心中涌动的是久违的一股暖流。

一个人还要学会爱家人和朋友，爱周围的一切。大千世界、茫茫人海中，能够遇见的都是有缘人。在培训中还有一个游戏是“众志成城”。十个人只用一根食指抬着一根长棍行进，要同时将长棍放落在地上，手指还不能离开，这几乎是一项不可能完成的任务。于是，游戏中人们开始抱怨、指责，心中充满了躁动的情绪。这个游戏让我们真正理解了什么叫“三个和尚没水吃”。“每个人都是仅有一只翅膀的天使，只有相互拥抱才能飞翔。”一个团队是需要合作的，一个人生活在社会上是需要与周围的很多人交往、沟通、配合的。如果我们懂得珍惜、懂得爱、懂得包容，我们的生活中就会多一点积极情绪，少一点消极情绪，我们短暂的人生就会踏实一些、丰富一些、灿烂一些。

“你心里装着什么你就会寻找什么，寻找什么你就会发现什么，发现什么你就会得到什么。”让我们心里装着爱，去寻找生活中的美好，去发现这个世界每个角落的阳光，愿我们的心中得到一分自由的安定、一分善良的滋养。

❀ 本文作者系中学历史高级教师，现任工会主席。

家是温馨的港湾 / 王雪琴

2016年，我参加了为期三天两夜的“心智装备培训”。这次培训让我感触良多，是对我心灵的一次洗涤。

我们每个人都有一个家，家是我们每个人温馨的港湾，家是我们心灵休憩的地方，家是我们一生牵挂的地方，所以我爱我家。

让我印象很深刻的是“生命之旅”环节，在这一环节中，我当“哑巴”，主训师要求我们“哑巴”宁愿自己受伤，也不能让我的“盲人”朋友受伤。在我们的生命中，父母其实一直就是我们的“哑巴”，是我们生命的守护神，是他们默默地数十年如一日地艰辛付出，才让我们能够快乐、轻松地成长。曾经有人说过：“生活从未容易，如果你觉得容易了，那是因为有人替你承担了生活的不易，小时候我们无忧无虑地生活，是我们的父母一直在替我们承担；长大后我们觉得生活轻松了，那是因为我们的另一半替我们承担了很多。”在我们接受培训时，主训师又给我们教了搀扶“盲人”朋友的方法，并且说尽量搀扶异性朋友，效果会更好。当我走进有点黑暗又雷声隆隆的会议室时，“盲人”朋友的眼睛都已经蒙上了厚厚的眼罩，我搀扶了一个男性“盲人”朋友。我在扶他走平路的时候没有什么问题，但在下楼梯的时候却有点懵了，因为我虽然能看见楼梯，但不能说话，该怎么告诉“盲人”朋友“这是楼梯，要下楼梯了”呢？我不知如何是好。最后，我还是想到了解决方法，为此我感到高兴。他的身体素质比较好，我搀扶他不是很费劲，尽管外面下着雨，但我还是汗流浃背，主要是怕他受伤而担心的。

参加完培训回来后，在夜深人静的时候，我经常会想起我的“盲人”朋友，其实我连他叫什么名字都不知道，我只是很感激他，感谢他与我在生命的一段旅程中互相携手走过了一段并不十分好走的路，感谢他让我认识到：我作为“哑巴”，他作为“盲人”，不管我们彼此有多强大，如果我们不互相搀扶、互帮互助，那么我们也没法走完生命中的这段荆棘之路。我还明白了一个道理：团结起来力量大，要尽可能多结交一些志同道合的朋友，这样我们要是有困难了，也不用苦苦撑着，而是有人与我们一起分担。俗话说：“朋友多了路好走！”

我明白了百善孝为先，我们要孝顺父母。要孝必须顺，在不是什么大的原则性问题时，要顺着父母的意思，不要顶撞他们。其实我们的父母要的真的很少，有时一个关心的电话足矣，所以哪怕自己再忙，也要抽时间给父母打一个电话，因为毕竟“儿行千里母担忧”。有时给他们买几件衣服，他们也就非常满足了。王维的《九月九日忆山东兄弟》中的诗句——“每逢佳节倍思亲”，道出了多少游子的思乡怀亲之情。陈红的一曲《常回家看看》，不知唱出了天下多少父母和儿女的心声。我的父母已不再年轻，所以我应该尽可能抽时间多陪陪他们，哪怕是陪他们说说话也好。孝敬父母要趁早，因为“树欲静而风不止，子欲养而亲不待”，让多少人肝肠寸断、痛不欲生。

我明白了孩子是我生命的一个重要组成部分，是我生命的延续，是我快乐的源泉，是我一生的牵挂，所以我要抽时间多陪陪我的孩子。他今年已经十岁了，我从来都没有陪他庆祝过儿童节，因为每年的“六一”儿童节，我都在给我的学生上课，我怕因为陪儿子过“六一”儿童节而耽误学生的学习，想想我这个当妈的也真是失败。他今年已经上四年级了，而我从来没给他开过一次家长会，因为每次我儿子开家长会的时候，我都在给我们班的学生家长开家长会。每当想起这些，我就非常遗憾。不过，孩子，我想对你说：首先，你要坚强，因为困难就是个纸老虎，你弱它就强，只有你强了，它自然也就弱了。妈妈生你时，连接生的医生都惊叹于妈妈的坚强。其次，你要喜欢阅读，因为读书可以明智，读书可以医愚，很多父母或老师没有教给你的知识，书本会教给你，你要多读书，读好书，因为开卷有益，“读万卷书，行万里路”，这样还可以开阔你的胸襟。再次，你要感谢那些往你身上泼凉水的人，是他们让你明白这个世界不是围绕着你一个人转的，你是爸爸妈妈的宝贝，但你不是这个世界的宝贝，是他们让你认识到了自己的不足，知不足才能进步。最后，你要懂得感恩，感恩是一个人身上的一种优秀品质，只有懂得感恩，在人生的路上才能走得更远，才能收获更多的幸福。你身边有太多爱你、疼你的人，你要懂得知足并且感恩，因为他们为你付出了太多太多，他们中的一些人根本没有义务为你付出那么多，你要知足，因为知足才能常乐。总之，爸爸妈妈希望你能健康快乐地成长。

家庭是每个人一生中最温暖的港湾，家是温馨的、迷人的。家是我承载梦想的地方，是我放松休息的地方，家对我来说非常重要。所以，我要建设好自己的家庭，要关心爱人和孩子，让孩子能在和谐的家庭环境中健康、快乐地成长。

本文作者系中学数学高级教师，现任九年级三班班主任。

心灵之旅 / 邓玉湘

百花斗艳、蜂飞蝶舞的五月，我有幸参加了在榆中县兴隆山风景区三天两夜的“好老师心智装备训练营”活动。这次活动的口号是“好，很好，刚刚好！”，开展了“开启心智之门”“同舟共济”“生命之旅”“校长风采”“众志成城”等活动。活动通过讲解、团队游戏、互相分享、户外体验等形式进行。虽然培训已经结束，但我的内心依然不能平静。妙趣横生的游戏同大道理结合在一起，不仅给我们带来了无尽的乐趣、信心和勇气，同时也给我带来了一次心灵的洗礼、深刻的思考。

1. 做了就有收获

新换了工作环境，一切对于我都是陌生的，甚至连工作方式、工作程序都和以前不一样，以至于做起事来不知所措，处处都想打退堂鼓。此时，一个声音冲破耳膜，强势进驻我的头脑：“别问为什么，照做就好，一切都在过程中。”这醍醐灌顶之音，冲击着我的脑神经。曾几何时，我不是一直告诫自己“享受过程，别问结果”的吗？不去做怎会知道自己到底会不会？不去做怎会知道事情的难易？不去做怎会知道如何去做？于是，调整心态，拾起信心，重新上路，一切从头开始。告诫自己：遇到不会的、不懂的、不明白的，做到不耻下问。坚信：只要用心去做，就一定有收获！

2. 信任产生安全

“生命之旅”，一种二人游戏：一个扮“盲人”，一点光都看不见；一个扮“哑巴”，一字都不许说；两人要携手走完一段崎岖不平、险象环生的山路。就在戴上眼罩的那一刻，我瞬间就陷入了一片黑暗之中，完全不知接下来会发生什么，唯一能做的除了等待便是等待。当一双手扶起我的一个胳膊，搀扶着我缓缓向前时，我不知道他将把我带向哪里。虽说这只是一个游戏而已，但是说真的，面对前面一条未知的道路、一个未知的环境，心中不免有些忐忑，总感觉面前就是一堵漆黑的墙。在黑暗中我思绪万千，那一双为了保护我不知被树枝扎了多少次的手，必定是伤痕累累，但这双手始终紧紧搀扶着我，为我拨开荆棘、不离不弃。我还有什么担心的？我放松心情，调整呼吸，听从指挥。我们顺利回到了大厅。天地虽宽，道路坎坷，但只要心中有爱，心存感恩，相信别人，就是给了自己一份安全。

3. 宽容换来成功

“你心里装着什么你就会寻找什么，寻找什么你就会发现什么，发现什么你就会得到什么。”从教二十余年来，我越来越清楚“教育”应该教什么、育什么。

孩子的成长有一个过程，急是急不来的，得用时间去磨砺，用宽容去接纳，用耐心去等待。在孩子遇到困惑时、出现问题时，甚至出现对立情绪时，身为老师，一定要冷静、理性、宽容。因为这些品质会感染，会扎根，会传承。陪孩子走一程，尊重他的选择，给孩子留下充足的成长空间，不要把个人的一些狭隘认识强加于孩子。在这一过程中，育人者只需告知孩子：既然是自己的选择，就应该无怨无悔；开开心心、认认真真去做就好；简单的事做好了，你就不简单；平凡的事做一辈子，你就不平凡。孩子们有了这样的认知，不就是一种成功吗？这不就是用等待、宽容换来的吗？

4. 一切都刚刚好

现在，人们的生活总是忙忙碌碌，总有忙不完的事、做不完的工作和追求不完的业绩。然而，因为工作的忙碌，有许多人放弃了快乐，开始不停地抱怨，把人生当作一杯苦酒。其实，快乐并不是奢侈，它是人生的必需品，把人生当作一种享受才对！

生活中，谁都会碰到困难，然而，塞翁失马，焉知非福？

我清楚地记得有这么一个非常有趣的故事：从前，有一个国家，他们的国王非常喜欢游玩，经常和宰相外出打猎或到民间微服私访。而这位宰相的兴趣和国王大不相同，他喜欢研究真理。他常说："一切都是最好的安排。"有一次，国王又外出打猎了，他看见了一只花豹，便拍马追赶，把随从们落在了后面，结果，被豹子咬掉了小指头。回宫后，国王很生气，与宰相饮酒解愁。而宰相却说："一切都是最好的安排。"国王听了很生气，便把宰相关进了监狱。伤养好后，国王再次打猎，不幸被蛮人抓住，正当国王害怕的时候，有人发现了他的断指，便断定他不是国王，就放了他。国王回宫后，立即传令放了宰相，然而，宰相面对监狱生活却说："一切都是最好的安排。"国王很纳闷，这时，宰相说道："如果，你不把我关进监狱，那次打猎我也就同你一起去了，被抓住后，他们便把我这个不缺指头的宰相当作国王杀掉，所以，我还真要谢谢国王您呢！"

这个故事告诉我们，任何事物都有好的一面和坏的一面。不好的一面，也有可能向好的一面进行转化，坏事刚发生时，谁知道到最后它到底是好事还是坏事呢？

想想自己走过的这几十年何尝不印证着"一切都是最好的安排""一切都刚刚好"啊！

当年考小中专时，是在炎炎七月，要到七十里外的区中学参加考试。本是坐火车去，要从一个小站换乘京广线，由于家门口的这趟车晚点，没赶上事先预想的车次。为了不耽误第二天的考试，走了十几里山路，终于在傍晚赶上另一趟火车。谁料这一折腾，我中暑了，小中专自然没考上，只好上了高中。就在此时，国家政策调整，我们和父亲团聚了，来到大西北，在甘肃考了个本科。

上大学时，只想快点念完书出来工作，给家里减轻负担，报志愿也就没管专业，报考了一个有补贴的专业——采矿。到了学校，发现班上有三十个男生，只有两个女孩，心想倒是是非少啊！随着学习的深入，女性从事本专业的只听到有一个"哎"！而且工作起来极为不方便，每次下井得有人在前面为她鸣锣开道。由于那地方地热很丰富，工人井下作业几乎是赤裸，所以我对于自己以后的工作很是茫然。毕业分回核工业某大队时，女职工已经不出野外了。

开学了，学校缺了老师，单位就把我这个本科生分到学校，因此，我从矿产资源开发转向人力资源开发。虽说有本科文凭，可一个地地道道的工科女，被安排去教语文，那般滋味非一言蔽之。学校是九年一贯制，为弥补单位学前教育不足，学校还设有学前班。小学时间最长，慢慢地，我摸着小学语文教学的脉了。正当准备大展宏图、总结经验、形成自己独有风格的时候，我被调至兰州与丈夫、孩子在一起了。进了中学教书，好在小学、中学的语文课是一脉相承的，教学还能拿下。孩子在家庭稳固、和谐的氛围里，考了个不错的大学。

奔半百的人了，回头看看，无论生活、工作还是家庭，我已很知足。

没有当年的失误，就无法轻松地考取大学；没有读大学，就没有我的西北第二故乡；没有西北的驻留，就没有语文教学生涯；没有语文教学，就没有今天的理解力和感悟力；没有阅读的感悟，就没有如今的气定神闲、从容应对、豁达开朗。真的，一切都是最好的安排，一切都是刚刚好！

在三天两夜的时间里，刘逸舟老师的那些经典语录都让我铭记在心：一念天堂，一念地狱；一个人如果不逼一下自己，你根本不知道自己有多优秀；放得下才能拿得起；成长自己，帮助别人，帮助别人，成就自己；没有有效的沟通，就没有有效的管理；一个人，只有经历，才能称得上有阅历，有了阅历，你才有资历；本色做人，角色做事；让你的孩子学会尊重社会最底层的人，那是培养他的尊贵；投入有多少，感悟就有多少，付出有多少，收获就有多少；爱是一种行为，不是一种语言；尊敬是一种行为，不是一种语言；奋斗不是一种语言，而是一种行为；行动是最响亮的语言等等……这些话语无时无刻不在鼓舞、激励着我，敲击、震荡着我，荡涤我心灵的尘埃。

❀ 本文作者系中学语文高级教师，现任八年级三班班主任。

心灵的震撼 / 李　佳

为期三天的“三为盛世心智装备培训”已经结束，但是心情却久久不能平复，这样的培训对我们来说那就是“震撼”！对，心灵的震撼！刘逸舟先生用三个大型游戏告诉我们，要想共赢，必须学会感恩、团结、合作，还有换位思考。这让我们对工作、对生活的态度有了新的转变！

这也让我不禁会联想到，作为一名教师必须具有一种“与时俱进”的换位思考的精神。我也总能听到这样的话：现在的孩子很难管，说重了不行，说轻了没用；现在的孩子好有个性，既不听家长的，也不听老师……我们不妨仔细想想，当下生活物质基础好了，孩子们的生活条件自然普遍高了，总的来说就是见多识广了！既然如此，作为老师的我们到底改变了多少呢？是不是放下身段站在孩子的角度思考过？

有时候，静下心来，细细回味一下自己与孩子们的相处方式、与孩子们的对话，你会发现每一名孩子身上都有他最独特的一面，单纯的、善良的、仗义的、成熟的……不得不承认，初中的孩子都有他们自己思考问题的方式、评判事件的标准。当然，他们的有些言论的确不是很成熟，但又不可否认有些却值得我们深思。当我们回想自己年幼时说的话、做的事时，会不会有许多现在想来尴尬好笑，当时却觉得自己义正词严的呢？其实，这都是年龄使然。不同的年纪对生活的认知不同、感悟不同罢了。

现代生活的快节奏，让许多家长无暇关注自己孩子的成长，让许多老师又过多关注学习成绩的好坏，这就让很多孩子从身心上产生过多的压力，并且无处排解。我个人觉得，现在的教育应该是多方面的，老师对学生的关注也应该是多方面的。我们都知道：一棵树，如果花不鲜艳，也许叶子会绿得青翠欲滴；如果花和叶子都不漂亮，也许枝干会长得错落有致；如果花、叶子、枝干都不美丽，但是在蓝天映衬下，远远望去，绰约多姿，也流露几分美感。一个孩子总有自己的优点和长项、自己的风格和亮点。关键是做老师的如何看待，从哪个角度欣赏。

曾经，我带过的一名男生常常不修边幅，上课睡觉，下课捣乱，不写作业更是常事，令很多老师都很头疼。我多次找机会和家长沟通，均无疾而终。后来经过多方了解，我才知道这个孩子的父母长年在外地奔波，孩子从小学四年级起就开始独立生活。我为这个孩子的生活状态难过的同时又不禁想为他的独立与坚强点赞。经过仔细琢磨分析后，发现他的一系列令人头疼的举动多半来自于缺少关爱。随后，我在班上发起“寻找我想帮助的Ta”的活动，就为了让全班每个孩子都能有被爱护的感觉和学会爱护他人的能力。一年下来，不光是这名男生有了长足的进步，班上其他孩子也有了各自的进步。最重要的是，我觉得他们学会了关爱他人，能为他人着想。

在教育的领域里，“爱”是永恒不变的话题。对于学生来说就是“亲其师，信其道”。

我接过一个初三班，班里的孩子很怀念已经调离的班主任老师，对我很排斥。尤其刚开始的第一周，班级工作开展起来很是缓慢。虽然我心急如焚，但是我也知道解决问题的关键在于要他们接受我、相信我。我很想让他们知道我有多么在乎他们，让他们感受到我很爱他们。思前想后，我决定从周记入手，要求他们每周记一篇周记，可以写任何自己想说的话。我还向全班保证，我们班的周记只有我看，如果有需要让其他人看，一定先征求作者同意。没想到的是，我竟然从他们的周记里看到了他们的成长故事、他们的小秘密、他们的小烦恼……我认真地回复着每一名孩子的周记，真实地陪他们经历那些喜怒哀乐。那时，我知道他们是真的接受我、信任我了，我成了他们最知心的老师。直到现在，他们还时常回学校和我说说心里话。我觉得，我也成了最幸福的老师。

这三日的培训，有笑声有泪水，勾起了我那么多的回忆以及心灵深处的触动，更让我重拾了那份久违的激情和向上的动力。我也更深地意识到，只有让学生充分感受到老师对他们的尊重和赏识，他们才能健康地成长，充分发挥他们的聪明才智与才能，教育的作用也才能得以发扬光大。就像培根曾说的那样：我们应该像蜜蜂，既采集又整理，这样才能酿出香甜的蜂蜜。当我们能从一滴水中看到太阳的光辉，能从一片枯叶中感到肃杀的清秋，那么，请相信，在教育之路上，我们一定正向着更深远的方向迈进。

❀ 本文作者系中学数学一级教师，现任教务处副主任。

我是“盲人”，你是“哑巴” / 曾乐庆

盲人的世界是什么样子的，我全然不知。倘若一定要我说点什么，也只能自以为是地漫话着与黑暗有关的苍白无力的文字。

只因我有一双自出生时就能捕捉光亮的眼睛，只因我至今也不曾失去这双能够捕捉光亮的眼睛，也只因我不是盲人，没有失去光亮的盲人。

记忆中儿时总是尽兴于那个叫作“红灯绿灯小白灯”的游戏，似乎与黑暗有关的记忆，只停留在那时，但那块蒙着双眼的布，也只是短暂而快乐的遮挡。黑暗来得那么不恐惧、不痛苦，去得也那么轻松、容易。

就在那日，我真的成了“盲人”。

将无缝隙的眼罩戴上，眼前那光与热的影子瞬间逝去，莫名的恐惧从心底涌出，并快速地蔓延至四肢，侵入骨血之中。我不由自主地尝试着用手去触摸，以确定自己的安全，却什么也抓不住，无由的慌乱自脚底直向上窜，额头的虚汗开始向外渗。突地，四周响起雷鸣声、暴风骤雨声、树木倾倒声。我便知黑暗之神向我走来了，整个身躯不受控制地颤抖起来。

此刻，一只有力的手抓起我，我随着这股力顺势转动了身体，随着力的源头而去，却也是跌跌撞撞、步履蹒跚。

“咚咚、咚咚、咚咚……”我清晰地判断出那是脚与地面有力撞击后发出的声响，是信息，一定是危险的信息，一定是的。本能地僵硬、停止、探脚，是台阶！那股力将我的臂膀缓缓拉向右侧，我的指尖触碰到了什么硬物，直觉告诉我是木质的扶栏。啊，久违的依靠。我快速向这根救命稻草靠近、依托、紧握。恍然间才发觉我其实一直都从未信过那不知从哪来的力，本能的潜意识中的我只信自己。双手紧紧地抱住木质扶栏不肯松手，而那股力哪里肯容我片刻停歇，仿佛我们仍然身处险境，危在旦夕。

继续在黑暗中前行，这是唯一的选择。

一路摸索前行至扶栏的尽头，我不舍又不能不松开了“救命稻草”，却又不由自主地捏紧了那牵引我一路前行的双手。那双大手用力地支撑着，随着小径高低起伏、蜿蜒崎岖的地势变化，我已能清晰地辨别那股力向我发出的指令：前行、停止、低头、跨越、等待等指令，已能越来越准确地判断所给出的任何命令意味着什么，并毫不犹豫地执行着。

脚下的步伐越来越轻快，越来越稳健，越来越有力。

两手间已是如水洗过，那是信任与坚守留下的最美印记，那是无声的世界留下的最美记忆。

此刻，溪水潺潺的流淌声从不远处传来，如鸣佩环；鸟儿清脆的鸣叫声划破了天际；汽车悠远的鸣笛声回荡于山谷。空气中弥散着淡淡的青草味，微弱的雨滴散落于密林中，敲打着翠绿的叶面，发出了“沙沙、沙沙、沙沙”的响声。一切的一切消散了我内心的不安与迷茫，似一道绚烂的彩虹悬挂于天际，那是一种莫名的诱惑，我便忘情地向它奔去，更似天堂之门在灿烂的光亮下缓缓开启，透着神秘的、迷人的光芒。一瞬间，全黑的世界有了光亮，有了色彩，有了质感。

摆渡！请你将我摆渡至它吧！

力啊！你可知：我起初，对于你这个未知的世界是本能的抗拒；而后却是舍去木质扶栏的无奈的选择；最后是坚守前行中的信任与同行。

这变化只在瞬间。

此刻，我的眼前仍被不尽的黑暗所吞噬，我的内心却被无限的爱所包裹，那么温暖，那么明亮与清晰。

我是“盲人”，你是我的眼；你是“哑巴”，我是你的听众；时间停止在此刻，将人间大美传递；时间定格于此时，将世间大爱撒播。

一个人，一个心，一个念。

❀本文作者系中学语文一级教师，
城关区名班主任，现任八年级二班班主任。

启迪心灵，丰富智慧 / 刘　琼

又一个周末即将来临，当我憧憬周末如何放松自己的时候，却被通知要参加“三为心智”培训，心情瞬间低落，带着些许的不满，我出发了。

一路颠簸之后终于到了目的地，走进训练营的那一刻，我们被欢迎的掌声包围了，这是我第一次感受到来自一个大集体的掌声。接下来的一切对我来说都是新奇的——统一的口号、热情洋溢的脸庞，我觉得我好羡慕他们的笑脸。活动开始了，我们分了组，制订了家庭的名称和口号，我们一组十个成年人第一次以家庭为单位，也第一次有了这么大个家庭的“父亲”和“母亲”。我有点开始期待明天了。

第二天早上，我早早就起床了，因为通知要进行早操。揉着惺忪的睡眼，我们来到了早操场地，所有人已经以家庭为单位聚集在了一起。组长们在给每个人分发跳绳和毽子，当把毽子递到我手里的那一刻，我突然觉得自己回到了小时候。拿到器材后，大家一起说说笑笑开始活动。过了一会儿，负责人要求每个家庭选派一名代表进行踢毽子的比赛，大家一下子来了精神，轮到我们组的时候，我被大家推举了出来，平复了一下紧张的心情，我走向了场地的中央，随着一声令下，“1，2，3……”大家异口同声地在替我数数，虽然只坚持踢了14个，但是我依然赢得了大家的掌声。我向四周看去，每个人的脸上都洋溢着童真般的笑容，我开始慢慢地接受了这样一个集体。

真正让我内心有感触的活动，是第二天晚上的活动。

培训结束后要开展一个活动，叫作“领袖风采”。所有的家庭分为两队，每队选出两个领袖来，游戏的过程中每一轮结束后，输了比赛的那一队领袖都要接受惩罚。每个队的领袖，刚开始做10个、20个俯卧撑的时候，我们队友都不以为然，表情都比较轻松自然，当看着我们的领袖做到40～80个俯卧撑的时候，我的心情有了变化，我们的领队是一个刚刚参加工作的小女生，她用自己瘦小的身躯努力坚持着，虽然动作极不标准，但是没有丝毫想要放弃的念头。看到汗水从她脸颊上留下来的那一刻，我的泪也情不自禁地往下掉。我们都深知，去台上的每个领袖，平时都很少锻炼身体，可他们在台上，为了整个集体的荣誉，用自己的毅力坚持着，勇于承担责任，不轻言放弃。

其实在我们的生活中也多半如此，因为不进则退，而你的竞争对手是永远比你所想象的更加强大。一定要付出比竞争对手加倍的努力，你才能在工作中前进。一旦你作为领袖，你就会因为你和你自己团队的失败而独自承担惩罚。但是对手不会为你的失败而同情你、可怜你，所以你也要懂得咬牙坚持，坚持到胜利的那一刻。当我看到台上的那个小姑娘时，泪水早已模糊了视线，所有的组员在这一刻都被这个小姑娘的坚持深深打动了。当再一轮游戏即将开始时，我暗暗下了决心，一定要赢！我也从每个人的眼睛里读到了这种决心！

当主持人再一次发令时，大家摒神凝气、侧耳静听，“1，2，3……”报数声整齐划一，没有一个人出错，大家暗暗地捏紧了拳头，接着大家都在紧张地等待结果，当主持人读出我们的用时时，所有的组员欢呼雀跃，脸上洋溢着笑容，大家自发地拥抱在一起，久久地……

到了晚上，我一直在想：现实生活中，我们又有谁为我们犯下的错承担过责任呢？通过这次培训，我知道我以后的方向，我应该为我以后所做的事勇于承担责任，不推卸责任，不找借口。我想任何一个人在心灵深处希望自己有所提升，潜意识里都不会安于现状。细细回味起来，刘老师说的每一句话都有很深刻的道理，两天的培训让我意识到我们应该从自身做起，拒绝说“不可能”。生活中遇到困难，只是说明我们暂时还没有找到解决问题的方法和工具，说“不可能”其实话语之中尽是推脱之词，所以我们要养成一个良好的习惯。遇事想办法，不向困难低头，每个人都不断地向困难挑战，不断超越自我，这样慢慢积累下去，能力就会一天比一天强大。刘逸舟老师说过一句话：“正常的叫训练，不正常的叫磨炼。”我想在今后的工作生活中，我一定会以良好的心态接受训练、挑战磨炼，这次培训不光是一次心灵上的洗礼，更使我从活动中获得了生活的智慧。

生活中，总有你不喜欢的人，也总有人不喜欢你。如窗外的风景，有阳光也有风雨，其实都是一次经历，无所谓来去；如渐去的岁月，有感动也有悲戚，其实都成一道痕迹，无所谓回忆；如心中的情愫，有温暖也有叹息，其实都将一一褪色，无所谓记起。用自信撑起一个自己，抬头走路，用心做事，你会发现：这个世界，原来如此美丽，它一直就在你的眼睛里，在你的心里。人生的诸多烦恼，其实源于自己。

风的摇曳，是一道自然的风景，无须牵强；雪的飞舞，是一页自然的诗词，无须奢念；心的悸动，是一抹自然的情愫，无过多在乎。每一天，是一种终结，也是一种开始。无论过去多么美好，都将成为过去。无论现在多么不好，我们都在经历。给自己一个微笑，世界就会微笑！

回去的路上，听着音乐，看着窗外的绿树缓缓地从我眼前飘过，我觉得我真的“装备”了心智。

❀ 本文作者系中学语文一级教师，现任九年级二班班主任。

成长自己，才能成就自己 / 王玉英

这是一次别开生面的培训。

在旅游名山兴隆山脚下，潺潺溪水流过，青松苍翠、巍峨的高山向人们展示着自己的雄伟。这个培训地清净优雅，远离城市的喧嚣，让人能够静下心来，对自己的职业、家庭进行一次思考与反省。

老师的宣讲并不是单纯的说教，而是将一些道理幽默地体现在一些活动中，让人感受深刻。

“好，很好，刚刚好！”从这滑稽的呐喊声中，刘逸舟老师翩翩入场。他将这句口号解释得让人耳目一新：人生中遇见的每一个人，都向他问声好，每天告诉自己，我很好，而每次的遇见，都是不早不晚，刚刚好！心存感恩，心存美好，才能越来越好。而你的善念，你的幸福，则会通过岁月雕刻在你脸上，所谓相由心生。

回味起来，真的是这样。有的人，用心生活，善良宽容，懂得感恩，尽管不是最美丽的五官，但也会慈眉善目、温文尔雅、超凡脱俗，这样的人，肯定具有优雅的气质，不美丽才怪。而这种气质，再精湛的化妆技术也画不出来。而有的人，工作应付，马马虎虎，天天抱怨家庭、事业、学生，时间一长，你会发现，这些人脸上真的写着颓废、烦躁、庸俗。所以，有些人活成自己喜欢的样子，而有些人则活成了自己讨厌的样子。

成长自己，让学生遇见好老师。

教师是社会的良心，如果在这个价值多元化发展、知识更新速度很快的社会不学习、不读书，那么你就只能是一辈子教那几本书的教书匠，慢慢地，肯定会职业倦怠，而且和学生的距离越来越远，最终只能是碌碌无为。

而学生喜欢的好老师，无一例外都是专业素质过硬、读书多、知识渊博、有想法、谈吐幽默、有良好的师德的老师。而怎样才能在这个高速发展的社会让自己的知识常新，和时代接轨，和青少年有共同语言？途径多样，而最基本的途径就是阅读，通过阅读提高自己的专业素养和人文素养，让自己在道德和技能方面都得到提高。

作为一个从教将近十年的教师，我的专业素养与教学技能方面已经有了相应的积累与提高，并形成了自己的教学风格。而如果在这种情况下，不求变化，不学新理念，那么过不了几年，自己将变成重复教四本书的教书匠，渐渐地出现职业倦怠，变得平凡而平庸，没有激情。我不想几年以后看到这样的自己，让学生遇见毫无激情的老师，因此，越是在瓶颈期，越要突破自己，破茧成蝶，绽放出自己的美丽。

在培训中，有一个活动叫“盲人”与“哑巴”，在电闪雷鸣的音乐中，一部分人被蒙上眼睛，扮演“盲人”，另一部分扮演“哑巴”，搀扶“盲人”跋山涉水，走过沟沟坎坎。在黑暗中，几乎所有的“哑巴”都找不到熟悉的人来搀扶，所以只能随意选择，当“盲人”不清楚谁在搀扶、面临怎样的危险、走的是怎样的路时，内心是恐慌的、排斥的，哪怕是平地，她也要用自己的脚慢慢地挪动，生怕踩空了。而作为“哑巴”的我也很无奈，明明是平地，可以放心走过去，我的搭档却恐惧得不向前走。当要低下头躲开树枝的刮擦时，所有的“哑巴”都用身体护着“盲人”。下河边的高台时，作为“哑巴”的我，把比我重的“盲人”抱了下来，生怕她掉下来受伤。所有“哑巴”的选择都和我一样，护着“盲人”，心中为不信任而怒，但是说不出。

为“盲人”清理了障碍物，但是“盲人”看不到；替“盲人”承受了很多危险，但是“盲人”不知情。这些苦，谁了解？这个游戏，“盲人”就像孩子、像学生，“哑巴”就像父母、像老师。很多时候，作为老师的我们，能够看到一些危险因素，苦口婆心劝解学生，但学生依然我行我素，我们劝诫学生收起顽劣，但是学生依然一脸不屑，对未来、对自己错过的机遇浑然不知。有些孩子无法体会老师、家长的良苦用心。

成长自己，让孩子遇见最好的母亲。

在人的一生中，影响其成长的因素是多方面的，但在众多的影响因素中，母亲的影响是不可替代的，是极其深远的。特别是对幼儿来说，母亲的作用更明显、更突出，也更重要。母亲对于一个孩子而言，不仅是生命的延续，也是灵魂的继承，她孕育了孩子绚丽多彩的未来。母亲的形象影响着孩子的一生，尤其是在孩子的教育中起着举足轻重的作用，因为母亲是孩子出生的第一个情感的传递者。

有这样一句话：“一个民族的较量就是母亲的较量。”还有一句话说：“推动摇篮的手也是推动世界的手。”为什么这么说呢？因为母亲的素质决定着人类和民族的未来。几乎所有人所受到的早期教育都来自母亲。从某种意义上讲，母亲教育是“根”的教育，是“源”的教育。母亲的爱，决定孩子一生的幸福。母亲的教育，决定孩子一生的成就。作为孩子一生中最重要的人，母亲智慧的形象将点亮孩子生命的辉煌。

成长自己，让丈夫遇见最好的妻子。

刘逸舟老师列举的一些鲜活的事例，让我触动很大。“一辈子很短，能够携手就是最大的缘分，何必相互折磨！”有时候，我会因为一些鸡毛蒜皮的事情生气、怄气，甚至冷战一两天。现在想想，除了把自己气得够呛、让家人不愉悦之外，没有好处，何必呢？发火的原因，还是缺少理解与沟通。在家里，包容与理解才是主题。所以，婚姻，也是宽容与智慧的一场修行。

“一念天堂，一念地狱。”这句话，对我触动很深。婚姻中，琐碎的事情很多，夫妻间的误会也很多，之所以吵架产生不悦，很大一部分原因是把对方做的事老往坏处想，越想越生气，越想越不可原谅，变得钻牛角尖，把家变得硝烟弥漫、剑拔弩张。而如果把事情往好处想，那么多少事都可以原谅，多少误会都不会产生。家，也会更加和谐，变成我们真正温暖的港湾，给我们带来心灵的休憩。而自己，也会成为那个你喜欢的自己。

成长自己，遇见最好的自己。

有一句话我很喜欢，那就是“活成自己喜欢的样子”。而又有多少人活成了自己讨厌的样子，但是又无可奈何、无力求变，最后变成了对生活的苟且与妥协。

很羡慕一些人，优雅大方、温文尔雅，有一种春风拂面的感觉。他们事业进步、家庭美满，任何时候都是美丽优雅的姿态。他们能够控制自己的体型，控制自己的脾气，控制自己的烦恼，用乐观的态度经营着自己的生活，生活也将优雅与美丽馈赠给他们，使他们成为更好的自己。这，也是我今后要努力的目标。

感谢这次培训，让我从心灵深处全方位地修补自己的价值观，对自己有了一个重新的认识，反思自己的不足，对自己进行一个重新定位与规划。如此才能更好地工作与生活，才能活出更好的自己。

❀ 本文作者系中学地理一级教师，现任教科室干事。

花开在眼前 / 王忠骞

手机里循环播放着吴晓波为《激荡1978—2008》所创作的歌曲——《花开在眼前》。那是一首听上去很像是写给情人的歌。窗外春光柔和，脑海里一幅幅画面飘过，提笔写下培训的点滴。

四月的风，暖意之间偶尔还夹杂着一丝丝的凉意，不热也不冷。脱掉臃肿的冬装之后，我们按照学校的安排，轻装上阵，前往我美丽的家乡——兴隆山，参加为期3天的“三为盛世心智装备训练”。

随着车轮的前进，我的思绪越来越活跃，对这里的一草一木我太过熟悉，也特别自豪！我手舞足蹈地给各位同事讲解着关于这里的点滴：古因“常有白云浩渺无际”而取名“栖云山”，向有“陇上名胜”之称，被誉为“陇右第一名山”，早在西周时已成为道人凿洞修行之地。兴隆山由东西二峰组成，东峰“兴隆”海拔2400米，西峰“栖云”海拔2500米，二峰间为兴隆峡，有云龙桥横空飞架峡谷。我家就在峡谷下面，在我小时候，爷爷经常会给我们讲成吉思汗的守护者们与我们本地人关于诚信的故事，教育我们做人要诚实守信。不过我们最爱听的还是关于刘伯温在兴隆山斩龙脉，毁“蒲家坟”的故事，因为这里是有龙脉的地方，是出大人物的地方……

就在我为大家讲解得不亦乐乎的时候，我们已经踏入了本次培训的目的地——名园酒店。由于我们来得较晚，便匆忙领取了自己的证件和服装，不等坐定又开始了随机分组、推选“父母”等环节。心里一笑，果然不出所料，培训都是一个样子……但在听了主训师刘逸舟三个小时的演讲后，我意识到这个操着一口庄浪普通话的男人有几把刷子，这次培训应该能有所收获，值得去认真参与。

在之后的培训中，我有幸被组内的成员们选为大家长——“爸爸”。这激发了我极大的热情，激起了我性格中好胜的一面，我一定要带领我的小组拿到优异的成绩，取得不俗的表现。我带领我的“家庭”全力去探索、努力去拼搏，努力参与每一次互动，抓住每一次分享，全身心地投入每一次游戏，并调动大家的积极性，充分发挥“家庭”成员的才艺，自编自演了文艺节目《快乐歌》，展示我们“家庭”的风采，最终使我们的“家庭”获得了第一名！我在颁发奖品并代表“家庭”发言的时刻流下了泪水，它包含着付出后获得成功的喜悦，隐藏着对每位家人的感谢，蕴含着对提供培训机会的学校领导的感谢，容纳了对“三为”人默默付出的感动……

彪悍的人生不需要解释，在这个理想丰满、现实骨感的社会中，我们每个人都渴望成功，但是成功不是听你如何说，而是要看你如何做，说和做之间总是存在距离！培训最震撼我的是游戏“盲人”与“哑巴”，在游戏中我充当的是“哑巴”。我很喜欢这个角色，让我有一份沉重的责任感，因为无论如何，我都要把“盲人”同伴带到终点并好好保护。游戏开始了，我拉住“盲人”伙伴的手往前走，整个过程都是静默的，一出会议室的门就是一个小小的障碍——助教要求从楼梯上走下去。因为游戏中的人不能开口，只能默默示意，我轻轻地拍“盲人”的胳膊，告诉她我们要往下走，然后轻轻推示意向前走。我们走过凹坑、爬越河道、登上山头、避开树枝……只要是阻碍前行的障碍，都要一一排除。一路下来，我已一身汗水，我的“盲人”伙伴没有一点磕碰。

这个游戏深深地触动了我内心深处那柔软的地方。如果在生活、工作、学习中，能像一起走过那段艰难坎坷路途一样去关心、帮助身边的每一个人，那么自己将会是什么样子？将会获得多大的成功？作为一名刚参加工作的基层教师，我在现实生活中已经错过了许多原本应该珍惜的机会。在未来的日子里，我将更加珍惜眼前的工作，珍惜拥有的青春，善待生命的每一天。

我突然想起了《城市乡巴佬》，虽然这是一部喜剧电影，可是对我来说，这不仅仅是一部搞笑的电影，更是一部给人以启迪的电影。

其中有一幕场景令人印象深刻：坚韧不拔的牛仔领队老柯勒与城市乡巴佬米契一起离开队伍去寻找走失的牛群。尽管他俩平时冲突不断，但在这次共同寻找走失牛群的过程中，他们对生命这个话题展开了一段平静的对话。电影中，老柯勒停下马儿面向米契。

老柯勒说："你知道人生的秘密是什么吗？就是这个。"（说着，他伸出一个手指）

米契不解地问："人生的秘密就是手指？"

老柯勒说："人生的秘密就是只做一件事，就一件。只做一件事，其他的事都不值一提。"

米契又问："那么，这件事到底是什么呢？"

老柯勒说："你必须自己找到它。"

老柯勒告诉我们的人生的秘密，其实也是成功的秘诀。也许这部电影的编剧已经发现了成功的秘诀，也许他们只是随便写写却歪打正着。无论怎样，的确如老柯勒所说，只做一件事就是成功的捷径。

作为数百万教师队伍中的一员，此次培训使我真正懂得了没有卑微的工作，只有卑微的人，让我懂得了责任与担当对一个教师的重要性，同时也为未来指明了方向——做一名最好的老师！"什么样的老师才是最好的老师？"我听过这样一段描述："每一个人都是一棵树。你也许不是最美丽的，但你可以是最可爱的；你也许不是最聪明的，但你可以是最勤奋的；你也许不会最富有，但你可以最充实；你也许不会最顺利，但你可以最乐观……我所谓的'做最好的自己'，强调的是自己和自己相比——昨天的自己和今天的自己相比，不断地超越自己。'做最好的自己'便意味着要尽可能在自己的职业中达到力所能及的最好程度。"

做最好的教师，是一种平和的心态，也是一种激情的行动；是对某种欲望的放弃，也是对某种理想的追求；是平凡的细节，也是辉煌的人生；是竹杖芒鞋轻胜马的闲适从容，也是惊涛拍岸、卷起千堆雪的荡气回肠。其实，教育工作没有最好，只有更好，因为“最好”都是相对的，它只是每个老师心中的一个理想。然而，每个人心中对理想的追求又都是无止境的，虽说我无法做到“最好”，可我却可以做到更好。我们经常会说“人最大的敌人就是自己”，只要我能够不断地超越自己，不断地战胜自己，不断地争取每一个“更好”，相信在不久的将来，当每一个“更好”融会在一起时，我就已经做到了“最好”。

“让每一个学生在学校里抬起头走路。”这是苏霍姆林斯基心灵的召唤。在今后的人生中，无论做什么事情，让我们都尽自己最大的努力，献出自己最大的爱心，做最好的老师，做孩子最喜欢的老师，让自己无悔！

祖国的花朵就在我的眼前，我要让他们在属于自己的花季里绽放……

❀ 本文作者系中学化学二级教师，现任团委书记。

【善教篇】

《追寻高雅生活》教学案例 / 胡生文

【教学目标】

（一）知识目标

1. 知道乐观、幽默的生活态度是追寻高雅生活的重要条件。

2. 正确认识从众心理和好奇心。

3. 知道自觉陶冶高雅情趣的不同途径和方法。

（二）能力目标

1. 自觉运用好奇心和从众心理的积极作用，培养和提高学生辨别是非的能力和自我控制的能力。

2. 运用正确的方法，积极追寻高雅的生活，过真正富有情趣的生活。

（三）情感、态度、价值观目标

感受生活中美好的情趣，培养乐观幽默、积极向上的生活态度，自觉陶冶高尚的情操。

【教学重点、难点】

重点：从丰富的文化生活中领略生活的真正意义和情趣。

难点：提升情趣，陶冶情操。

【教学方法】

情境式教学法、谈话法、分析引导法、活动法。

【课时安排】

1课时

【教学手段】

多媒体

【教学过程】

（一）复习引入

引导学生复习《情趣与兴趣》的内容，引出情趣有雅与俗之分的话题。列举学生生活中常见的行为，让学生判断哪些表现了高雅的生活情趣。让学生从中进行选择，引出新课——追寻高雅生活。

设计意图：在复习旧课的基础上，引出对情趣雅与俗的判断。用发生在学生身边的校园生活事例引导学生进行判断。给学生以触动，让学生学会如何选择，在这个选择中进入新课的学习。

（二）新课教学

1. 乐观、幽默的生活态度

一个人生活的快乐与否，完全取决于个人对人、事、物的看法如何。如果我们想的都是快乐的事情，我们就能快乐。如果我们想的都是悲伤的事情，我们就会悲伤。所以，具有一个快乐心理是非常重要的。

幻灯片：巴基斯坦影坛老将雷利的幽默故事。

阅读课本P75钢琴家的故事，思考交流下面的问题。

（1）在同学们的身边有风趣和幽默的人吗？和他们在一起时，你有什么感受？

（2）请同学们讲述身边一则幽默的故事。

（3）乐观幽默的生活态度对于陶冶身心、培养高雅的情趣有什么作用？

设计意图：幻灯片材料可以激发学生的学习兴趣，故事可让学生亲身体会用幽默的视角看待生活，化解尴尬。让学生在对生活态度的思考中，思考一个人的生活观念和态度对自己的生活情趣的培养产生的影响，如何才能树立乐观的生活态度，即：热爱生活、热爱人生；心胸宽广；从日常平凡小事中培养。掌握秘诀一。

小结：乐观、幽默的生活态度使人们的关系变得亲切、自然、和谐，成为调节人际关系的润滑剂，是应对紧张学习、生活和工作的不可缺少的条件，也是我们身心健康不可缺少的因素。

乐观、幽默的生活态度是陶冶高雅情趣的重要条件。这是我们找到的追寻高雅生活的第一个秘诀。

2. 好奇与从众

（1）活动：水会流出来吗？

取一个装满水的纸杯，往杯中能否再放东西（如回形针）？放了水会不会流出来？如果不流，杯中最多能放多少个回形针？你好奇吗？你想知道吗？

教师：这是为什么？——谜底不给大伙揭开，大家带着这份好奇心，将来学习物理时你们一定能够把这个问题解决。

教师：正是因为好奇才有了众多的发明，才有了人类的进步。（学生举例）他们是仅仅停留在好奇上了吗？（学生回答）

教师：所有的好奇对我们都有益吗？我们都能去尝试吗？（学生回答并举例子）

教师：如果我们对这些事产生了好奇后应该怎样做？（学生回答）

（2）幻灯片：展示漫画

教师：漫画反映了一种什么样的心理现象？漫画中的这种现象，你们赞成吗？为什么？（学生回答）我们同学当中有没有类似的现象？（学生举例）

教师：我们应该反对的是盲目从众。

教师：从众有没有好处？（学生举例）

教师：对于从众我们应该保持一种什么态度？一分为二，要"择其善者而从之，其不善者而改之"。

设计意图：通过学生做实验，让学生体会好奇心的产生，激发学生探索的欲望；通过观看漫画激发学生的学习兴趣；好奇心是青少年成长过程中的心理特点之一，是兴趣的起点和开启创造力的杠杆。但是也要提醒学生注意把握自己的好奇心，抵制诱惑，补充反面案例并加以说明。通过让学生举例交流，让学生自觉认同从众心理具有两重性。消极的一面是抑制个性发展，束缚思维，扼杀创造力，使人变得无主见和墨守成规。积极的一面，即有助于学习他人的智慧经验，扩大视野，克服固执己见、盲目自信，修正自己的思维方式，减少不必要的烦恼等。只有正确运用好奇与从众心理，才能培养正当的兴趣，才能陶冶高雅的情操。从而掌握秘诀二。

小结：好奇心与从众心理运用好了，都可以帮助我们去培养高雅的生活情趣。所以，在我们陶冶高雅生活情趣的时候，一定要学会分辨真伪，正确对待好奇心与从众现象。它是我们陶冶高雅生活情趣的起点。这样我们就找到了追寻高雅生活的第二个秘诀。

3. 丰富的文化生活

（1）让学生读北京景山公园老年合唱团的资料，思考并交流后面的问题 。

（2）各抒己见：某同学认为，中学生的主要生活和基本任务就是学好课堂知识，没有必要花时间去陶冶情趣，这会分散学习的精力。大家赞同他的观点吗？

（3）丰富的文化生活能给我们带来什么帮助？

设计意图：通过师生举例，让学生感受到校园生活的丰富多彩，通过学生自主参与，展示丰富多彩的课余生活，培养学生对丰富文化生活的热爱。丰富的文化生活，较高的自我修养，能陶冶人的审美情趣。所谓审美是对美的事物和现象的观察、感知、联系、想象，乃至理解、判断等一系列思维活动。如果一个人没有追求美的欲望，也就无所谓感受美、欣赏美、理解美和评价美了。只有那些热爱生活、渴望美的人，才能以满腔的热情和浓厚的兴趣去追求美并创造美。因此，一个人的成长过程中，绝不能离开审美素质的培养。掌握秘诀三。

小结：丰富的文化生活，是陶冶高雅生活情趣的重要途径。要全面提高自己的素质、陶冶高雅生活情趣，就一定要更多地参加学校和社会组织的文化活动，从丰富的文化活动中感受生活的真正意义和情趣。这就是我们追寻高雅生活的第三个秘诀。

4. 提升情趣，陶冶情操

读课本 P78 材料，思考并交流其中的问题。

教师：他们的这种情感是仅仅停留在个人身上吗？这种高尚的情感叫什么？高尚的情操还表现在哪些方面呢？（学生回答）

努力提升情趣，陶冶情操。这是我们追求高雅生活情趣的目标。这就是我们追寻高雅生活的第四个秘诀。

设计意图：分析材料中大仲马、布鲁诺、闻一多等人的情感，由个人需要提升到社会需要，体现社会价值，帮助学生理解情操，培养学生高尚的情感和爱国情操。掌握秘诀四。

（三）课堂总结

（四）课堂练习（幻灯片展示）

（五）课后作业

1. 完成练习册的作业。

2. 查找资料，找到“水会流出来吗?”的谜底。

【板书设计】

一、追寻高雅生活

1. 乐观幽默的生活态度——重要条件

2. 好奇与从众——起点

3. 丰富的文化生活——重要途径

4. 提升情趣，陶冶情操——目标

……

❀ 本文作者系中学政治高级教师，现任教务处主任。

李庾南“自学·议论·引导”教学法的实践与思考

——以“平方差公式”教学为例 / 李淑华

【教学内容】

平方差公式第一课时

【教学目标】

1. 知识与技能：经历探索平方差公式的过程，会推导平方差公式，并能运用公式进行简单的计算，进一步发展学生的符号感和推理能力。

2. 过程与方法：通过创设问题情境，让学生在数学活动中建立平方差公式模型，感受数学公式的意义和作用。在平方差公式的推导过程中，培养学生观察、发现、归纳、概括、猜想能力和有条理的表达能力。

3. 情感与态度：在探究学习中体会数学的现实意义，培养学习数学的兴趣。

【教学重点】

理解平方差公式的本质特征，并灵活运用它来计算。

【教学难点】

探究平方差公式的本质特征。

【教学过程】

第一环节：复习铺垫、新知准备

1. 活动内容：回顾整式乘法中多项式与多项式相乘。

（1）多项式与多项式相乘的法则是什么？用字母怎么表示？

（2）二项式乘以二项式，结果可能是两项吗？请举例说明。

2. 设计意图：通过复习，让学生从知识和心理等方面做好探究新知识的准备，从而为本节课平方差公式的探究学习奠定基础。同时提问：二项式乘以二项式，结果可能是两项吗？为下面探究平方差公式做好铺垫。

第二环节：操作实践、发现新知

1. 活动内容：教师提出问题，学生自主发现结论。计算下列各题：

（1）$(x+2)(x-2)$； （2）$(1+3a)(1-3a)$

（3）$(x+5y)(x-5y)$； （4）$(2y+z)(2y-z)$

观察以上算式及其运算结果，你有什么发现？

2. 设计意图：学生已经学习了多项式乘以多项式，根据上节课的知识完全可以完成上面的计算，所以让学生独立自学，发现计算结果的特殊性，与前面得到的二项式乘以二项式，结果不一定是两项发生冲突，此时学生就会好奇，激起思维的火花，产生探究的欲望，然后观察算式的特征，初步得到猜想，发现结论。

第三环节：群体议论、验证规律

1. 活动内容：教师提出问题。

（1）类比刚才发现的结论，再举一些类似的多项式相乘的情形，并计算验证猜想，与同伴交流。

设计意图：在前面的学习中，学生通过计算能够初步感受结果的“平方差”形式，但仅仅这样就总结，得到结论，部分学生难免心存疑惑，因此让学生再次举例验证，学生经过思考、举例，进一步验证结论的正确性。

（2）能用字母表示你发现的规律吗？能验证你发现的规律吗？如何用语言描述你发现的规律？学生交流探讨。

学生得出：平方差公式 $(a+b)(a-b)=a^2-b^2$

语言叙述：两数和与两数差的积，等于它们的平方差。

设计意图：此时学生可能有困难，教师适当给予引导。前面学习了可以用字母表示数，也可以表示整式，启发学生自学，由于文字叙述是个难点，所以让学生小组议论，对别人的叙述做出评价，再通过教师的引导，学生头脑中就能建立起一个比较完整的、系统的、准确的知识结构，这样就让学生经历从特殊到一般的探究结论的过程，从而验证猜想，得到规律。

第四环节：巧设练习、强化新知

1. 活动内容：

例1：利用平方差公式计算

（1）$(5+6x)(5-6x)$；　　（2）$(x-2y)(x+2y)$

（3）$(3a+2b)(3a-2b)$；　　（4）$(-m+n)(-m-n)$

在学生独立练习，并有同学进行板演的基础上，师生共同评价解题的过程、依据、结果及注意点。

设计意图：在深刻理解公式的基础上，借助例题训练学生正确应用公式计算，体会公式在简化运算中的作用，进一步强化技能。

2. 巩固练习：判断下面计算是否正确。

（1）$(3x-y)(-3x+y)=9x^2-y^2$　　（　　）

（2）$(m+n)(-m-n)=m^2-n^2$　　（　　）

设计意图：通过判断，让学生进一步明确利用平方差公式时两个二项式必须满足的特征。

例2：利用平方差公式计算

（1）$\left(-\frac{1}{4}x-y\right)\left(-\frac{1}{4}x+y\right)$

（2）$(-mn+3)(-mn-3)$

设计意图：例2是对例1内容的拓展与延伸，学生在确定公式中a和b时有一定难度，教师应引导学生仔细观察题目，分析题目当中谁相当于公式当中的a与b，进一步体会字母a、b可以是数，也可以是整式，加深对字母含义的广泛性理解。同时提醒学生，不要漏掉负号和括号，帮助学生突破难点。

第五环节：总结评价、深化提高

1. 活动内容：

（1）想一想

$(a-b)(-a-b)=?$

你是怎样做的?

(2)练一练

$(5m-n)(-5m-n)$　　　(2)$(a+b)(a-b)(a^2+b^2)$

2.设计意图:“想一想”目的是让学生体会平方差公式和多项式乘法之间的关系,可以利用整式乘法解决,也可以利用平方差公式体会新、旧知识之间的联系,教师对学生用多项式乘以多项式的做法给予肯定,但此时应引导学生灵活运用平方差公式计算更为简便,掌握公式的本质特征,加深对平方差公式的理解和应用,并通过“练一练”,进一步感受平方差公式在简化计算中的优越性。

第六环节:当堂达标、自我检测

1.活动内容:利用平方差公式计算。

(1)$(-x-1)(1-x)$　　　(2)$(0.3x+2y)(0.3x-2y)$

2.设计意图:为学生提供自我检测的机会,教师针对学生反馈情况,及时调整授课,查漏补缺。

第七环节:课堂小结、布置作业

1.活动内容:

(1)平方差公式:$(a+b)(a-b)=a^2-b^2$

公式的结构特点:左边是两个二项式的乘积,即两数和与这两数差的积;右边是两数的平方差。

(2)应用平方差公式的注意事项:

①注意平方差公式的适用范围;

②字母a、b可以是数,也可以是整式;

③注意计算过程中的符号和括号。

2.设计意图:通过课堂小结对课堂知识点的回顾,让学生分享自己在学习过程中遇到的挫折以及积累的经验,提出自己存在的困惑,大家一起解决,从而达到巩固所学知识的目的。

【教学反思】

第一,教师引导学生复习总结与新课有关的知识结构和研究方法,在此基础上,由教师提出问题,学生自己发现问题,从而激发学生的求知欲望。在学生探究新知的过程中,教师有意识地引导学生从直观上认识,再上升到抽象概括,从而掌握平方差公式的本质特征,这在认识上就初步完成了从特殊到一般的过程，学生获得的就不是死的结论，而是活的知识。

第二，当学生对知识已有较系统的理解和掌握，在应用上已有一定的基础时，教师根据教学的情况和教材内容、“课标”要求，组编一些综合性比较强、较为灵活、有一定难度，但经过努力又可以解决的习题，让学生独立完成。学生可自愿在黑板上演算，其余学生则边做边互相检查正误，使学习情况得到及时反馈。如发现板演中有错误，学生可主动帮助，然后在教师的引导下，演算的学生讲解自己每一步的理论根据，其他学生汇报自己解题时的分析过程和经验教训。这样，学生就能更准确、更灵活、更广泛地运用知识，更熟练地掌握运算技巧，促进知识向技能的转化和自学能力的提高。同时，通过交流讨论，学生可对照检查出自己在自学方法上的缺陷，以及自学过程中情感、意志等方面的不足，为进一步提高自学能力获得动力，找到方向。

第三，在教学中，教师改变教材的呈现形式，以问题的方式启发学生思维，引导学生参与发现问题，在教师的引导与学生参与的有机结合中，完成教学任务，培养学生的自主学习能力和创新精神。其实质是在教学中充分发挥学生的主体作用，使学生参与并体验知识技能由未知到已知、由不掌握到掌握的过程，并在一定过程中激发和培养学生的独立探究能力。在这个过程中，教师要精心做好引导工作，将问题适度地呈现给学生，以引起学生不断积极思维、不断自主学习。

本文作者系中学数学高级教师，
数学教研组组长，现任七年级六班班主任。

“自学·议论·引导”教学法在整式教学中的快乐体验

/ 李　洁

近期针对本节内容听了三位教师的课，结合对自学、议论、引导三结合教学法的学习，对于如何上本节课谈谈自己的想法。

一、前置性准备

本节课的课程标准相关要求：借助现实情境了解代数式，进一步理解用字母表示数的意义，通过感受现实生活情境，理解单项式、多项式、整式的有关概念。

教材分析：本章是在学生已有的字母表示数以及有理数运算的基础上展开的。而本节课是一节概念课，是学生的观念由数向式转化的开始，比较抽象，与学生的认知基础和思维有一定的差距，学习中存在一定的困难。单项式又是整式中最基础的知识，学习本节内容具有承上启下的作用，是对前面所学知识的深化和发展，也是学习本章其他内容的直接基础，是以后学习同类项、整式加减、乘除等知识的基础，同时也为以后学习分式运算、一次方程和函数等知识奠定了基础。

学情分析：学生已经学习了借助字母可以表示数学公式、运算律，学习了用字母表示数、代数式的概念。初步理解了代数式的意义、代数式的书写，具备了用字母表示数量关系（即列代数式）的技能，这是进一步学习整式有关概念的基础。在相关知识的学习过程中，学生已经通过列代数式解决了一些简单的现实问题，经历了实际问题“符号化”的过程，感受到了代数式作为数学表示的工具的必要性和作用。

通过以往的经验，学生对抽象事物理解能力差，在教学中力图展示概念形成的过程，加强直观性，即为学生提供足够的感性材料，丰富学生的感性知识，帮助学生认识概念。学生对单项式、单项式的系数、单项式的次数等概念的理解和掌握都有一定的难度。要通过单项式的系数的不同表现形式的教学，培养学生的符号意识、有条理地思考和语言表达能力。

二、教学目标

1. 借助现实情境了解代数式，进一步理解用字母表示数的意义。

2. 通过感受现实生活情境，理解单项式、多项式、整式的概念，并能够正确区分单项式和多项式。

3. 理解并能求出单项式的系数和次数、多项式的项数和次数。

4. 初步培养学生观察、分析、抽象、概括等思维能力和应用意识。

5. 通过小组讨论、合作学习等方式，经历概念的形成过程，培养学生自主探索知识和合作交流能力。

三、教学难点、重点

重点：掌握单项式及单项式的系数、次数的概念，并会准确迅速地确定一个单项式的系数和次数。

难点：（1）知道单项式、多项式、整式的概念以及这三者的联系和区别；（2）分析实际问题中的数量关系，并会用字母表示。

四、教学方法

通过创设问题情境为学生架设学习探索的平台，教师采用点拨、引导的方法，启发学生经历主动思考、自主探索及合作交流的过程来达到对知识的“发现”和接受，进而完成知识内化，使书本知识成为自己的知识。

五、教学过程

本节属于概念教学课，力图体现概念形成的过程。从生活中的实际问题出发，让学生经历由用数字到字母表示数的过程，再提出问题，让学生列出相应关系式，通过对所列代数式进行分类探讨，用自己的语言归纳总结出单项式和多项式的概念，并识别例题中的单项式和多项式，说出单项式的系数和次数、多项式的项数和次数。

（一）自学指导

1. 请学生说出所列代数式。

2. 请学生观察所列代数式包含哪些运算，有何共同运算特征。由小组讨论后，经小组推荐人员回答，教师做适当点拨（充分让学生自己观察、自己发现、自己描述，进行自主学习和合作交流，可极大地激发学生学习的积极性和主动性，满足学生的表现欲和探究欲，使学生学得轻松愉快，充分体现课堂教学的开放性）。

（二）讲解释疑

1. 单项式：通过特征的描述，引导学生概括单项式的概念，从而引出课题：单项式。板书归纳得出单项式的概念，即由数与字母的乘积组成的代数式称为单项式。然后教师补充，单独一个数或一个字母也是单项式（题目设置要加强学生对不同形式的单项式的直观认识，同时利用练习中的单项式转入单项式的系数和次数的教学）。

2. 单项式系数和次数：直接引导学生进一步观察单项式结构，总结出单项式是由数字因数和字母因数两部分组成的。

强调应注意以下几点：①圆周率π是常数；②当一个单项式的系数是“1”或“-1”时，“1”通常省略不写；③单项式次数只与字母指数有关。

3. 多项式、多项式的次数、多项式的项数及整式（在经过前面的自主学习、合作研讨的基础上，引导学生运用观察、比较、类比、归纳、抽象、概括等方法，揭示数学概念的内涵，了解数学概念的本质。学生通过自主归纳、抽象概括，体验了知识的形成过程和发现的快乐，由此加深学生对概念的理解。通过自主探究和小组研讨，培养学生的自学能力和合作精神）。

（三）概念辨析　强化认识

抓住概念的易混、易错处，强化认识。通过出示变式引申易混、易错的题目，一方面可以考查学生对定义是否理解，另一方面可以发展学生的发散思维。

（四）课堂练习　巩固新知

通过简单的几个题目，巩固和加深学生对本节课知识的理解。

（五）课堂小结

学生各抒己见、相互补充，进行归纳总结，尤其注意数学思想的总结，学生自主提出本节课的疑惑，重在培养学生总结归纳的能力。

六、教后反思

经过自主学习，合作研讨议论体验了知识的形成过程和发现的快乐，加深学生对概念的理解。教学中加强直观性，即为学生提供足够的实际情境，丰富学生的感性认识，帮助学生认识概念，同时也要注重引导，在剖析单项式结构时，借助反例练习，抓住概念易混淆处和判断易出错处，强化认识，帮助学生理解单项式系数、次数，为进一步学习新知识做好准备。根据学生观察、分析、认识问题能力较弱的特点，教学时将以启发为主，同时辅之以讨论、练习、合作交流等学习活动，达到掌握知识的目的，并逐步培养学生观察、分析、抽象、概括的能力，为进一步学习打下坚实的基础。

❀ 本文作者系中学数学高级教师，教导处干事。

“自主建构”原理在教学实践中的运用

——以七年级“有理数的乘方（一）”教学为例 / 周粉菊

“自学·议论·引导”教学认为对于学生的生成发展，学习知识、获得信息固然重要，但更重要的不在于知识、信息本身，而在于要“学会学习”，如何掌握与运用知识和信息，在学会中达到会学，在想问题中达到会想，在自觉学习中达到自主学习，做到自我获取、自我建构、自我超越。总之，要学会“自主建构”，具有未来社会公民所必需的、最基本的自我发展和自我完善的本领。

所谓“自主建构”，是指学习者在自己原有知识、经验等的基础上，借助与他人、与社会的交往互动，通过自己的主动探索，对当前所学知识及其意义，在深刻领会的基础上，内化为自己的经验，形成自己的知识、能力结构，或者纳入自己已有的知识、能力结构，融入自己的知识、能力的整体。

一、任务分析

本节课为“有理数的乘方”的第一课时，学生在小学已经学习过非负有理数的乘方运算，并且知道$a \times a$记作a^2，读作a的平方或a的二次方，$a \times a \times a$记作a^3，读作a的立方或a的三次方。前几节课，学生已经掌握了有理数的加减乘除法则，具备了进一步学习有理数的乘法运算的知识技能基础，本课时引入有理数的乘方，学生通过探索、议论交流，理解乘方的概念和意义，掌握有理数乘方的运算。这节课承上启下，它既是有理数乘法的推广和延续，又是后续学习有理数的混合运算、科学计数法和开方的基础。

本节课通过创设学生熟悉有趣的生活情境引入乘方的概念，使学生切实感受到生活中处处有数学，在自主探究和讨论合作交流的过程中真正理解并掌握基本的数学知识、技能及思想方法，同时积累一些基本的数学活动经验。

二、教学目标

1.在现实背景中，感受有理数乘方的必要性，理解有理数乘方的意义。

2.掌握有理数乘方的概念，能进行有理数的乘方运算。

3.经历有理数乘方的符号法则的探究过程，领悟乘方运算符号的确定法则。

【重点】有理数乘方的概念及意义。

【难点】有理数乘法运算与乘方间的联系，负数、分数的乘方运算；归纳和总结出有理数的乘方法则。

三、教学过程

第一环节：情境引入

【情境一】教师拿一张报纸对折，再对折……让学生观察后提出问题：共有多少层？每层纸的面积是原面积的几分之几？

操作时，不需要强调对折的次数，只要让学生观察怎样进行对折的操作就可以了，对折5次或6次后就停下。

学生举例：我们兰州最熟悉的面食——牛肉面，拉面馆的师傅将一根很粗的面条的两端捏合在一起拉伸，再捏合，再拉伸，反复几次，就把这根很粗的面条拉成了许多细的面条，捏合到第7次后可拉出多少根细面条？猜一猜我喜欢吃的是细的、二细、三细？

【情境二】观察教科书给出的图片，阅读理解教科书提出的问题，弄清题意，计算每一次分裂后细胞的个数，5小时经过10次分裂后细胞的个数。

目的：感受现实生活中蕴含着大量的数学信息，数学在现实世界中有着广泛的应用，面对实际问题，主动尝试从数学的角度运用所学知识联想到实际问题。在折纸过程中，学生从简单的估计进入到有依据的推测，还有一些同学会拿出纸进行折叠操作后再做出判断。在解决问题的过程中体验乘法运算的必要性和优越性，同时体会折纸层数和面积的神奇变化。通过分析拉牛肉面时面条粗细的变化、细胞分裂的速度之快，从而引出本节课的学习课题：有理数的乘方。

第二环节：明晰概念

【内容】 1. 通过对上述问题的探究，学生写出式子：

（1）将报纸对折5次纸的层数：

$2\times2\times2\times2\times2=32$层$=2^5$层

每层纸的面积是原面积的几分之几：$\frac{1}{2}\times\frac{1}{2}\times\frac{1}{2}\times\frac{1}{2}\times\frac{1}{2}=\frac{1}{32}=(\frac{1}{2})^5$

（2）面条捏合到第7次可拉出的面条根数：

$2\times2\times2\times2\times2\times2\times2=128$根$=2^7$根

（3）5小时细胞要分裂10次，所以共有细胞：

$\underbrace{2\times2\times2\cdots\times2\times2}_{10个2}=1024个=2^{10}个$

2. 归纳多个相同因数相乘的符号表示法，定义乘方运算的概念。

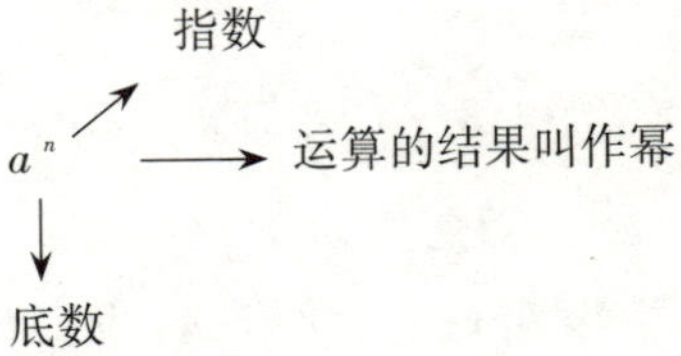

3. 通过练习熟悉乘方运算的有关概念。

填空：

（1）$(-2)^{10}$的底数是________，指数是________，读作________；

（2）$(-3)^{12}$表示________个________相乘，读作________；

（3）$(\frac{1}{3})^8$的指数是________，底数是________，读作________；

（4）3.6^5的指数是________，底数是________，读作________，x^m表示_____个_____相乘，指数是______，底数是______，读作________。

把下列各式写成乘方的形式：

（1）$6\times6\times6=$____；

（2）2.1×2.1 =______；

（3）（−3）（−3）（−3）（−3）______；

（4）（$-\frac{1}{2}$）（$-\frac{1}{2}$）（$-\frac{1}{2}$）=______。

【目的】本环节的主要内容是通过对情景问题中规律的探究，引入乘方和幂的概念、底数和指数的概念，明晰底数为分数和负数时乘方的表示形式中需要注意的地方，培养学生的归纳抽象能力，建立符号感，理解符号所表示的数量关系和变化规律，学习新知识，认识乘方是一种运算，幂是乘方运算的结果。使学生置身于一定的学习情境和学习活动中，借助已有的知识和经验，具体地感知与触及尚未理解和认识的学习内容，积极主动地学习，实现自我建构。还要让学生明白：一个数可以看作这个数本身的一次方，如8就是8^1，通常指数为1时省略不写。

第三环节：例题和练习

【内容】尝试先让学生做题，老师再指导。

例1：5^3；$(-3)^4$；$(-\frac{1}{2})^3$

例2：$-(-2)^3$；-2^4；$-\frac{3^2}{4}$

巩固练习——课本59页随堂练习：

1.（口答）

2. 计算：$(-3)^3$；$(-1.5)^2$；$(-\frac{1}{7})^2$；$(-3)^2$；$-(-\frac{1}{4})^3$

【目的】例题讲解是为了熟悉有理数的乘方运算，并规范幂的书写格式。

【注意】例1、例2中指明当底数是负数或分数时，书写时一定要用括号把底数括起来，再把指数写在右上角，如$(-3)^4$不能写成-3^4，$(-\frac{1}{2})^3$不能写成$-\frac{1}{2}^3$，要引导学生不断地回顾幂的意义。

第四环节：引导归纳

【内容】1. 有理数乘方运算的符号法则总结如下：

（1）负数的奇次幂是负数，负数的偶次幂是正数。例如：$(-2)^3=-8$，$(-2)^2=4$；

（2）正数的任何次幂都是正数，0的任何正整数次幂都是0。例如：$2^2=4$，$2^3=8$，$0^3=0$；

（3）0的任何（除0以外）次幂都是0；

（4）a^2是一个非负数，即$a^2 \geqslant 0$。

2.特别理解：

（1）0的次幂没意义；

（2）任何有理数的偶次幂都是非负数；

（3）由于乘方是乘法的特例，因此有理数的乘方运算可以用有理数的乘法运算完成；

（4）负数的乘方与乘方的相反数不同。

【目的】学生根据例题和练习总结归纳有理数乘方运算的符号法则，引导学生用自己的语言表述。

第五个环节：议论思考

1. 一个数的平方为16，这个数可能是几？一个数的平方可能是0吗？

2. 有没有一个数的立方是8？有没有一个数的立方是-8？

3. 设n为正整数，计算：$(-1)^{2n}$，$(-1)^{2n+1}$。

【目的】第1题、第2题可让学生感悟逆向思维。一个数的平方是16，学生很容易认为这个数是4，而忽略-4。一个数的立方是8，学生很容易认为这个数是2和-2，而把-2算进去。第3题主要是引导学生认识到$2n$表示偶数，$2n+1$表示奇数。从而体会到-1的偶次方为1，奇次方为-1。给学生充分的时间讨论。

第六个环节：课堂小结

【内容】用提问的方式由学生完成课堂小结，例如："本节课同学们学到了哪些知识""乘方运算与四则运算有何联系"。

【目的】培养学生的交流能力、小结能力，激励学生展示自我、认识自我，建立自信。

第七环节：布置作业

习题2.13，知识技能1、2。

【目的】对本课时的主要技能进行巩固练习。

四、教学反思

第一，选取的情景应尽量联系学生生活并且易于学生接受和理解，其中的数量关系比较容易探究，在课堂中，"动作"比"图片"在某些时候更能吸引学生的注意，折纸的动作更加直观，学生马上想到"拉牛肉面"的问题，“手脑并用”，学会“自主建构”。

第二，从学生的作业情况反馈的信息表明，教学设计中负数乘方与乘方的相反数的比较，强调和练习还不够，使得学生在阅读上和计算中产生了混淆，造成了错误，因此在今后的教学设计中应做适当调整。例如多设计类似$(-2)^4$和-2^4的辨析，帮助学生区别负数乘方与乘方的相反数这两个概念，以达到在理解的基础上记忆的目的。计算同样应是在理解概念的基础上进行的，因此不应把重复的运算技能训练作为提高计算正确率的方法。

第三，对那些在数学学习上有特殊需求的学生，可在联系拓展中适当补充一两个有思维难度的题目，以满足他们的学习需求，如“试比较有理数a与a^2的大小”。像这样的题，一方面是字母表示了数，另一方面需要分类讨论，这对学生而言，无疑是一个挑战，实践证明，这种做法很有意义.

数学具有很强的抽象性、概括性和逻辑性，数学思想具有更高程度的深刻性、缜密性和批判性，因此更需要学生经过自我感受、体验和思考的过程，才能真正理解数学、懂得数学、学好数学。李庚南的“自学·议论·引导”教学的基本原理———“自主建构”原理，教师不仅要教会学生数学知识，更要努力为他们在学习活动中学会“自主建构”、实现自我发展搭建平台。要努力为学生的自我感受、体验和思考提供途径，让他们置身于一定的学习情境和学习活动中，借助已有的知识和经验，具体地感知与触及尚未理解和认识的学习内容，结合新旧知识的联系和区别，产生疑问和困惑，促进他们在主动探究中将知识内化为智慧，将学习转化和升华为“自主建构”的能力。

本文作者系中学数学高级教师。

《普查和抽样调查》教学案例分析 /孔冠桥

<table>
<tr><td colspan="3">普查和抽样调查</td></tr>
<tr><td rowspan="3">教学目标</td><td>知识与技能</td><td>(1)经历调查、收集数据的过程和重要性
(2)结合具体的实际问题情境，理解普查和抽样调查</td></tr>
<tr><td>过程与方法</td><td>(1)能从现实生活中提出具有一定价值的相关问题
(2)在解决问题的过程中学会用从总体中抽取样本，体会样本的随机性</td></tr>
<tr><td>情感态度与价值观</td><td>通过对现实生活和其他学科中统计问题的提出，体会数学知识与现实世界及各科知识之间的联系，进一步发展数据分析观念</td></tr>
<tr><td>教学重点</td><td colspan="2">普查、抽样调查的应用</td></tr>
<tr><td>教学难点</td><td colspan="2">能灵活应用普查和抽样调查</td></tr>
</table>

一、教学过程设计

教学环节	教学内容	师生互动	设计意图
(一)感悟数据、引入课题	问题1:请同学们看图中的有关沙漠化和缺水量的数据,你有什么感受?	让学生充分思考和探讨,并逐步引导学生质疑:这些数据是怎么来的?	通过一些数据让学生充分感受我们生活在一个数字化时代,要学会与数据打交道,养成对数据产生的背景进行思考的习惯
	问题2:我发现我们班级有很多同学都是戴着眼镜的,谁能告诉我,我们班的近视率是多少? 普查:为了一定的目的对考察对象进行的全面调查称为普查 总体:所要考察对象的全体称为总体 个体:组成总体的每一个考察对象称为个体	引导学生认识普查与抽样调查这两种收集数据的方法	通过举出与学生比较贴近的案例,让学生体会到统计是从日常生活中产生的
(二)操作实践、展开课题	问题3:如果想了解一所学校学生的近视率,你打算怎么做呢? 抽样调查:从总体中抽取部分个体进行调查,这种调查称为抽样调查 样本:从总体中抽取的一部分个体叫作总体的一个样本	以4人小组为单位进行讨论,每个小组派一个代表汇报方案	从这个问题中引出抽样调查和样本的概念,使学生对如何产生样本进行一定的思考,同时也使学生认识到样本选择的好坏对于用样本估计总体的精确度是有所不同的
	列举一个著名的案例 问题4:你认为预测结果出错的原因是什么?	让学生充分思考和探讨,并逐步引导学生产生疑问	通过案例让学生进一步体会到:在抽样调查中,样本的选择是至关重要的,样本能否代表总体,直接影响着统计结果的可靠性

续表

教学环节	教学内容	师生互动	设计意图
(二)操作实践、展开课题	问题5:如果要调查下面这几个问题,你认为应该做全面调查还是抽样调查?你们对于普查和抽样调查是怎么看的?普查一定好吗?请举例。 (1)了解全班同学每周的体育锻炼时间 (2)调查市场上某个品牌牛奶的含钙量 (3)了解一批日光灯的使用寿命	让学生充分思考和探讨	通过普查和抽样调查的比较,使学生感受抽样调查的必要性和重要性
	问题6:如果我们想了解兰州市初三学生的近视率,你认为该怎么做呢?	以两人小组为单位进行讨论,说出比较可行的抽样方案	通过进一步追问,加深学生对样本代表性的理解。让学生进一步认识到:在多背景下的抽样会产生偏差,以及样本的随机性与样本大小在产生有代表性的样本中的作用,同时对后面的内容进行简单介绍
	问题7:我们是否可以用兰州市初三年级学生的近视率来估计兰州市初中生的近视率?为什么?	教师继续让学生进行小组讨论,引导学生从样本容量以及样本抽取需要考虑的要素,如:学生的层次(初一、初二、初三)、学生生活的环境(城市、县镇、农村)等。教师对学生的回答进行归纳、整理,与学生一起讨论出比较可行的抽样方案	
(三)总结拓展、提升思想	问题8:你用一至两句话说说自己在本节课的收获。 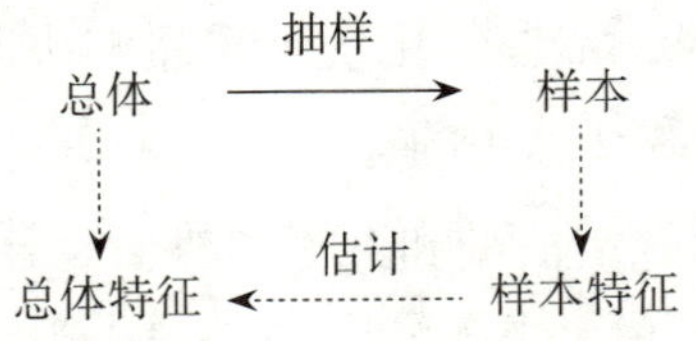	抽样调查与普查的优缺点,样本的代表性与统计推断结论之间的关系等方面进行总结和回顾	总结回顾,巩固课堂知识、初步概括统计思想

续表

教学环节	教学内容	师生互动	设计意图
(三)总结拓展、提升思想	问题9:为了解全校学生的平均身高,王一调查了自己座位旁边的五位同学,把这五位同学的身高的平均值作为全校学生平均身高的估计值。 (1)王一的调查是抽样调查吗? (2)如果是抽样调查,指出调查的总体、个体、样本和样本容量; (3)这个调查结果能较好地反映总体的情况吗?如果不能,请说明理由。	教师引导学生完成思考与探究 学生互相讨论、交流,形成结果	回顾抽样调查的几个基本概念,强化抽样调查中样本的代表性
(四)课后练习、反思回顾	某课外兴趣小组为了解所在地区老年人的健康状况,分别做了四种不同的抽样调查。你认为抽样比较合理的是( )。 A. 在公园调查了1000名老年人的健康状况 B. 在医院调查了1000名老年人的健康状况 C. 调查了10名老年邻居的健康状况 D. 利用派出所的户籍网随机调查了该地区10%的老年人的健康状况	学生独立完成	促进学生理解抽样的必要性和样本的代表性

二、反思与改进

只有将数学应用于社会科学的研究之后，才能使得文明社会的发展成为可控制的现实。

——怀特

在此节课的教学设计中自始至终贯穿的都是案例教学，学生通过具体案例，了解统计的基本概念和基本思想，掌握运用统计思想解决问题的方法，并在解决问题的过程中进一步加深对统计思想的理解。

本节课的教学设计提供了充分的数学活动和交流的机会，让学生经历一个统计活动。怎样能更好地培养学生自主学习的意识，锻炼学生自主探究、解决问题的能力，在本单元的教学设计中，有很多地方需要改进：

1. 一定要注意与学生已掌握相关内容的衔接。在教学中不妨设计一些复习回顾的问题，如“你知道怎么收集数据吗”“你学过哪些统计图，今天要研究的问题用哪个统计图分析更合理”，然后引出本节课的相关知识，让学生更好地体会统计的思想。

2. 鼓励学生尝试用计算机等现代化手段进行数据的处理和分析，以给学生留下充足的时间来经历统计活动的过程，更好地体会统计思想。

3. 设计探究学生感兴趣的统计问题，而不仅仅依赖于课本和教师所给的案例，每个小组可以选择自己感兴趣的统计问题，结合信息技术，通过小组合作，最后形成相应报告并进行班级展示。也许有小组选择同一个统计问题，这不仅可以让学生经历完整的数据处理分析过程，同时大大激发了学生的学习热情和兴趣，而且更加能让学生体会统计结果的随机性。

本文作者系中学数学一级教师，德育处副主任。

《汽化和液化》教学案例 / 张询奔

【预习】

体验1：生活中的汽化现象

活动1：晴天时比阴天时湿衣服干得（　　），有风时比没风时湿衣服干得（　　），把湿衣服展开晾晒比团在一起干得（　　）。

活动2：刚刚从游泳池上来时会感觉到（　　）。

活动3：锅里的水在“沸腾”时，有大量的（　　）产生，停止加热，沸腾（　　）。

提示：快　快　快　冷　气泡　停止

体验2：生活中的液化现象

活动1：刚从冰箱里拿出来的饮料瓶的外壁会出现（　　）。

活动2：严冬，戴着眼镜进入温暖的房间，镜片会变得（　　）。

提示：水珠　模糊

【预习设疑】

1.什么是汽化和液化？汽化和液化的特点是什么？

2.影响蒸发快慢的因素有哪些？

3.水沸腾时的特点有哪些？

4.液化的方法是什么？

【探究合作释疑】

探究1：蒸发

结合“体验1”，思考下列问题。

1.由“活动1”可知，影响蒸发快慢的因素有哪些？

提示：晴天时比阴天时湿衣服干得快，说明温度越高，蒸发越快；有风时比没风时湿衣服干得快，说明液体表面上方的空气流动越快，蒸发越快；把湿衣服展开晾晒比团在一起干得快，说明液体表面积越大，蒸发越快。

参考答案：温度　空气流动情况　液体的表面积

2.由“活动2”可知，刚刚从游泳池上来时会感觉到冷，说明什么？

提示：因为从游泳池出来身体表面有水，水的蒸发带走身体表面的热量，所以就感觉冷。

参考答案：蒸发（汽化）吸热

探究2：水沸腾时温度变化的特点

结合“体验1”的活动3，思考以下问题。

1.猜想与假设：

结合“体验1”的活动3，水沸腾后若保持沸腾状态需继续（　　），水的温度（　　）。

提示：在“体验1”活动3中，水沸腾时，停止加热，水沸腾会停止，说明水沸腾时需继续加热，才能保持沸腾状态不变。用温度计测量水沸腾时的温度可知，水沸腾后继续加热，温度不变。

参考答案：加热　不变

2.实验设计：

（1）测量仪器：用（　　）测量液体的温度。

参考答案：温度计

（2）组装器材，当水温接近60 ℃时每隔1分钟

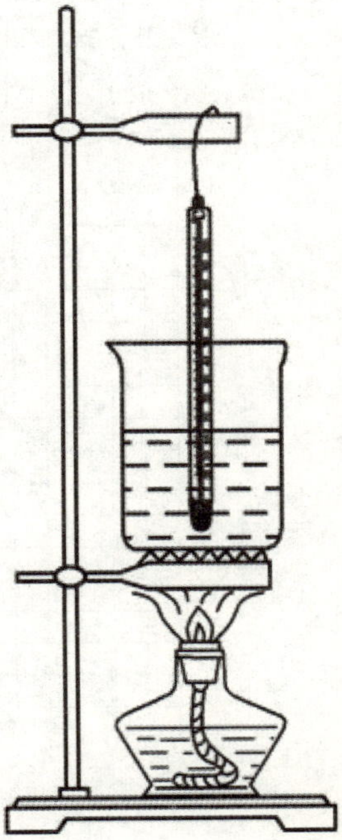

记录一次温度。

时间/min	0	1	2	3	4	5	6	7	8	9	10	11	12	13
水的温度/℃	60	65	70	75	80	85	90	95	99	99	99	99	99	99
实验现象														

3. 实验分析：

（1）根据实验数据，绘制温度、时间图像。

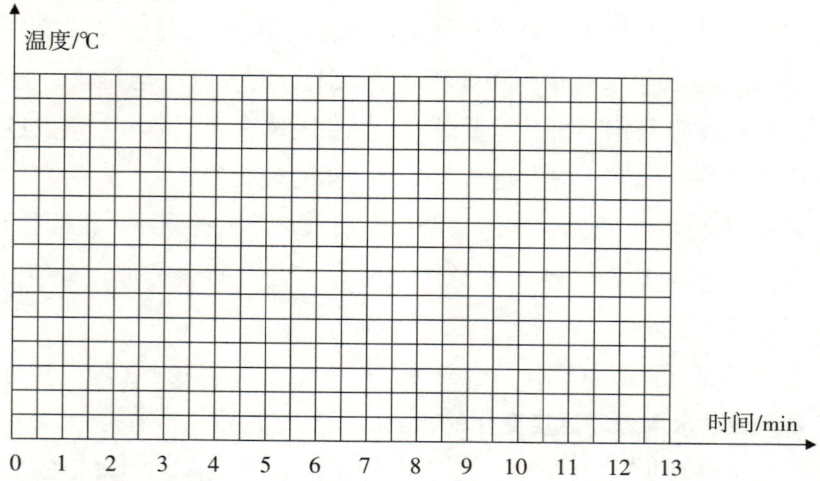

参考答案：如下图所示

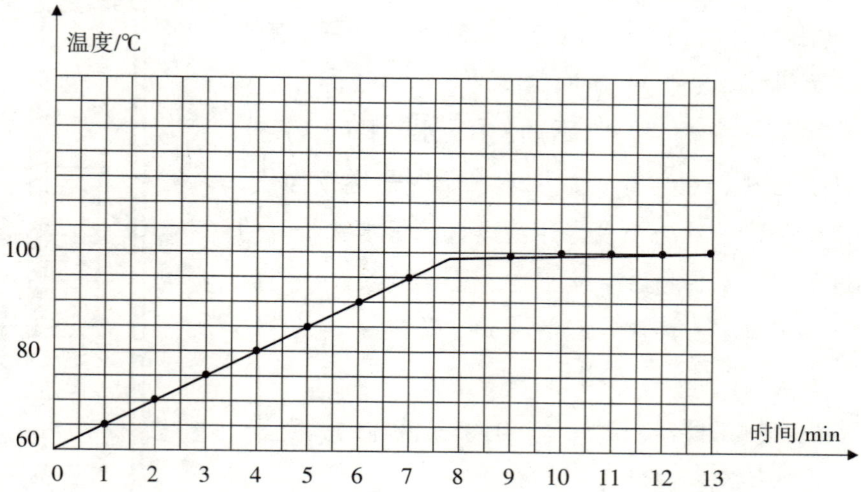

（2）在实验过程中，你观察到了什么现象？

参考答案：水沸腾前，水温不断升高，容器底部受热产生气泡，上升变小；水沸腾时，温度不变，水中产生大量气泡，上升变大，到水面破裂。

（3）分析温度-时间图像，水沸腾时温度变化有何特点？为什么水沸腾时的温度不是100℃？

提示：①观察图像可知，水沸腾时温度是98℃，沸腾以后，继续吸热，但温度不再改变，说明沸腾时吸热，温度不变。

②液体的沸点主要与两个因素有关：一是液体种类，二是液体上方的大气压强。在本实验中主要是与当地当时的气压大小有关，可能是气压低于1标准大气压导致的，当然也有可能是温度计本身不准确导致的。

参考答案：①由图像可知，水沸腾时吸热，温度保持不变。

②当时的气压低于1标准大气压或者是温度计不准确导致的。

4.交流与评估：

（1）实验中，如何缩短水的沸腾时间？

提示：结合生活中烧水的经验可知，烧的水的初始温度越高、水量越少、炉火越旺及壶盖盖得越严密，水烧开得越快。

参考答案：①用热水；②减少水的量；③加大酒精灯火焰；④加盖。

（2）水在沸腾时如果停止加热，水是否继续沸腾？说明了什么？

提示：水沸腾时，若停止加热，虽然水的温度仍保持沸点的温度，但由于不能继续吸热，水的沸腾会停止，这说明水的沸腾过程是一个吸热过程。

参考答案：否。说明沸腾过程是一个吸热过程，即使当时的液体温度等于沸点，但不能继续吸热，液体的沸腾也会停止。

探究3：液化

结合“体验2”，思考以下问题。

1.结合“活动1”，刚从冰箱里拿出来的饮料瓶的外壁为什么会出现水珠？这说明了什么？

参考答案：外界的水蒸气遇到冷的饮料瓶，气态的水蒸气变为液态的小水珠，这是一种液化现象，液化放热。

2.气体液化的两种方式是什么？使气体液化的好处是什么？

提示：根据液化放热，故可以使其温度降到足够低，另外压缩体积也可以使气体液化。气体液化后，体积缩小，便于储存和运输。

参考答案：①降低温度；②压缩体积；③气体液化后，体积缩小，便于储存和运输。

3. 液化和汽化有什么关系？

参考答案：液化和汽化互为逆过程，汽化吸热，液化放热。

【知识小结】

1. 汽化

（1）定义：物质从__________变为__________的过程。

（2）特点：汽化。

（3）汽化的两种方式：蒸发和沸腾。

	蒸 发	沸 腾
发生部位	只在____发生	在____和____同时发生
温度条件	____温度	一定温度（沸点）
剧烈程度	____	____
影响因素	液体的____、____、____	供热快慢、液面上方气压
温度变化	降温制冷	吸热、温度____
共同特点	都属于____现象；都要____	

2. 液化

（1）定义：物质从__________变为__________的过程。

（2）特点：液化。

（3）液化的两种方法：__________和__________。

（4）液化的好处：使气体体积__________，便于储存和运输。

【拓展延伸】

水沸腾前后，气泡体积变化不一样的原因：水沸腾前，在气泡上升过程中，下面部分的水先受热，温度升高，于是有一部分水汽化成水蒸气，形成气泡，气泡所受到的浮力大于自身的重力，于是气泡上升。而由于水是热的不良导体，下部分的水温升高，但上部分的水温仍然较低，在气泡上升过程中，气泡遇到温度比它低的冷水，于是有一部分水蒸气放热，液化成小水珠，气泡的质量变小了，所以气泡的体积也相应地变小了。但是，在气泡上升过程中，由于所处的深度变小了，所以外界的压强变小了，导致气泡的体积变大。相对而言，前者对气泡体积变化的影响要比后者大，所以在气泡上升过程中，实际表现出的现象是其体积变小。

而在水沸腾以后，由于对流，水的上下部分的温度都达到沸点，继续加热，与水沸腾前一样，有水汽化成水蒸气形成气泡上升。在上升的过程中，也不断有水汽化成水蒸气，于是许多气泡聚在一起，越积越多，从而其体积变大。与沸腾前相似，在上升的过程中，气泡所处的深度变小了，也会使其体积变大。这两方面的影响是一致的，最终的现象也是气泡的体积变得越来越大。

综上所述，气泡体积的变化情况由两方面因素决定：一方面是看是否有更多的水汽化成水蒸气，形成气泡，还是不断地有水蒸气液化成小水珠。另一方面就是在气泡上升过程中，其所处的深度变小了，导致气泡的体积变大。而且从实验中可以得出，气泡所处深度的变化对其体积变化的影响较小。所以，水沸腾前后，其体积的变化出现了两种截然相反的现象。

【点拨典例精析】

考点1：判断汽化和液化现象

典例1（2012·黔东南中考）　戴眼镜的李强同学冬天从室外进入温暖的教室，发现眼镜的镜片上有“呵气”，过一会儿，“呵气”逐渐从中间消失。“呵气”是空气中的水蒸气（　　）形成的，“呵气”消失是由于发生了（　　）现象。

1.思路导引

解答本题关键是分析题干关键词及隐含条件，分析思路如下。

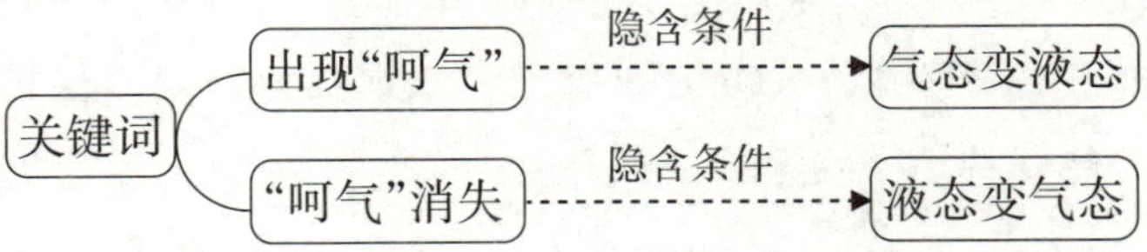

2.精讲精析

冬天教室内的温度很高，使周围空气中的水蒸气温度升高而上升，遇到温度较低的玻璃镜片时，热的水蒸气发生液化现象变成小水珠附着在镜片上，所以镜片上出现“呵气”；经过一段时间，镜片上的小水珠会吸热又变成水蒸气消散在空气中，镜片上的“呵气”消失，这是发生了汽化现象。

答案：液化　汽化

3.方法归纳

判断汽化和液化：

（1）判断方法：根据物体初、末状态判断。

（2）“白气”和水蒸气的不同。

①“白气”是水蒸气遇冷液化成的小水珠，不是水蒸气。

②“白气”是液态的，水蒸气是气态的。

考点2：探究水的沸腾

典例2　图甲是“观察水的沸腾”的实验装置图：

（1）小聪观察到水沸腾前和沸腾后水中气泡的上升情况不同，如图乙、丙所示。则图（　　）是水在沸腾前的情况，为了方便地读出温度计的示数，小聪将温度计从水中拿出来进行观察读数，则会导致所测温度偏（　　）（选填“高”或“低”）。

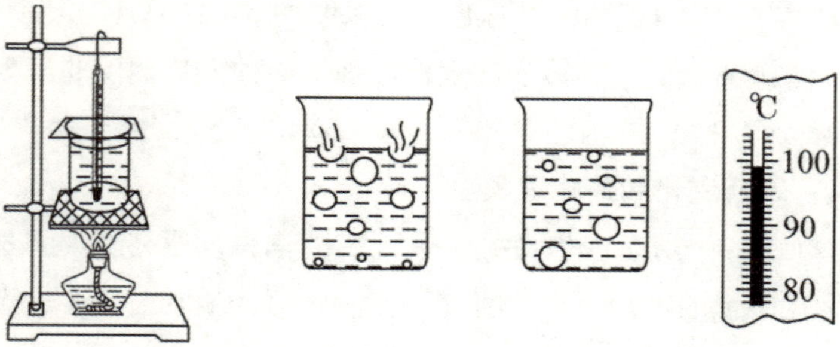

甲　　乙　　丙　　丁

（2）水沸腾时温度计的示数如图丁所示，读数为（　　）℃，说明此时气压（　　）标准大气压（选填“大于”“等于”或“小于”）。

（3）图戊、图己、图庚是三名同学做出的水的温度随时间变化的图像，其中正确的是图（　　），分析该图像，可知水沸腾时温度保持不变，但要继续（　　）热（选填“吸”或“放”）。

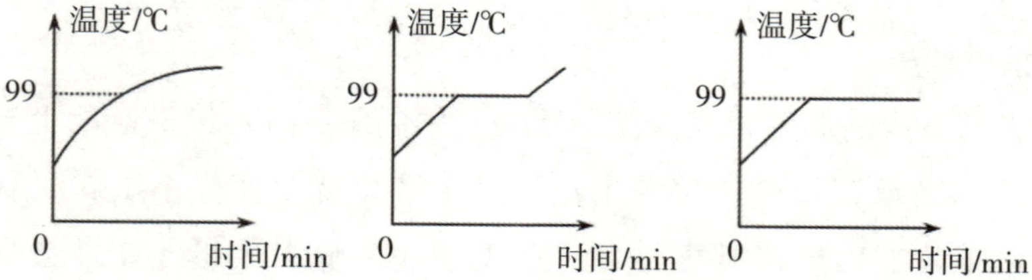

戊　　己　　庚

1.思路导引

解答此题主要抓三个关键点：

关键点1：沸腾前气泡由大变小，沸腾时气泡由小变大。

关键点2：液体沸点随压强的增大而升高。

关键点3：液体沸腾时吸热，温度不变，图像有一段水平部分。

2.精讲精析

本题考查“水的沸腾”的探究：（1）沸腾前，杯底的温度高，越往上温度越低，根据热胀冷缩的原理，气泡越往上越小；沸腾后，水的温度上下相同，但由于越往上所处的深度越小，故气泡越往上越大；温度计在读数时，应停留在被测液体中，若从沸腾的水中拿出来再读数，由于周围的空气温度低，会使温度计的示数降低。（2）由图丁可以看出，该温度计的示数为99℃，由于沸点与气压有关，而且气压越高，沸点越高，气压越低，沸点越低。当大气压为1标准大气压时，水的沸点为100℃，故此时气压小于标准大气压。（3）水沸腾前，水温随时间的增加而升高；水沸腾时，温度不变，但要不断地给水加热才能继续保持沸腾，故水沸腾时的图像为图庚，水在沸腾时要继续吸热。

答案：（1）丙　低　（2）99　小于　（3）庚　吸

3.方法归纳

水沸腾的特点：

（1）在1标准大气压下，水的沸点是100 ℃。

（2）沸点与液体上方的气压有关，气压越低，沸点越低。

（3）水沸腾前，上升的气泡越来越小，沸腾过程中，上升的气泡越来越大。

（4）沸腾过程中，吸收热量，温度不变。

（5）沸腾是液体内部和表面同时进行的汽化现象。

4.训练基础达标

（1）下图是某同学在云南香格里拉风景区中拍摄的晨雾照片，雾的形成过程属于（　　）。

A.液化　　B.汽化　　C.凝固　　D.熔化

解析：选A。本题考查物态变化种类的判断。液化是由气态变成液态，汽化是由液态变成气态，凝固是由液态变成固态，熔化是由固态变成液态。雾是小液滴的形成，是由热的水蒸气遇到周围的冷的环境变成了小液滴，属于液化现象，故选A。

（2）下列所描述的现象中，属于汽化的是（　　）。

A.铁块熔成铁水　　　　B.湿衣服晾干

C.河水结成冰　　　　D.沸水上方出现“白气”

解析：选B。本题考查物态变化的知识。铁块熔化成铁水是熔化现象，湿衣服晾干是汽化现象，河水结成冰是凝固现象，沸水的上方出现的“白气”是从沸水中冒出的水蒸气发生液化形成的，B项正确。

（3）用湿抹布擦过的黑板，过一会变干了，这一现象是（　　）。

A.汽化　　　　B.凝固　　　　C.液化　　　　D.熔化

解析：选A。本题考查物态变化的判断。用湿抹布擦拭黑板后，黑板上的水分从空气中吸热而变成水蒸气蒸发掉，由液态变成气态，属于汽化现象，故选A。

（4）室内温度为20℃，此时用浸有少量酒精的棉花裹在温度计的玻璃泡上，随着酒精的迅速蒸发，图中能正确反映温度计示数随时间变化的图像是（　　）。

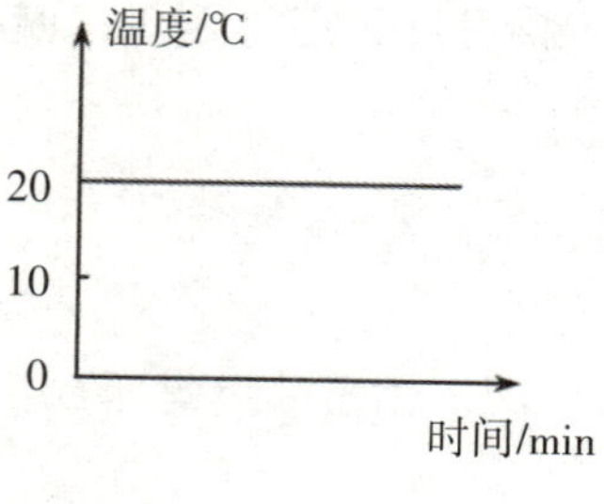

A

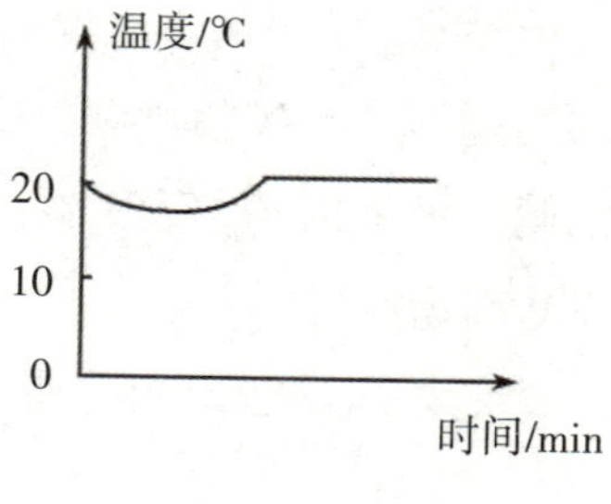

B

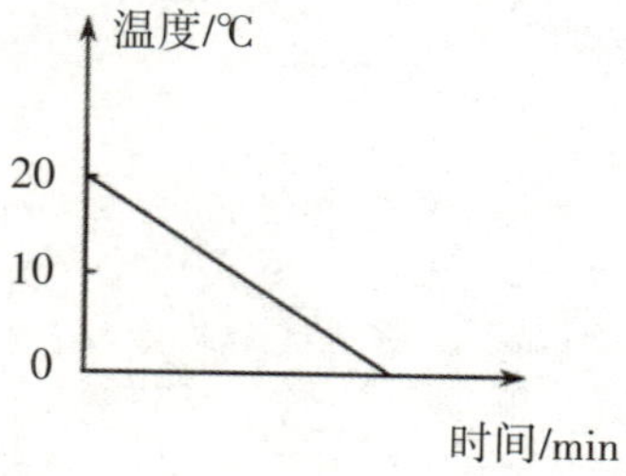

C

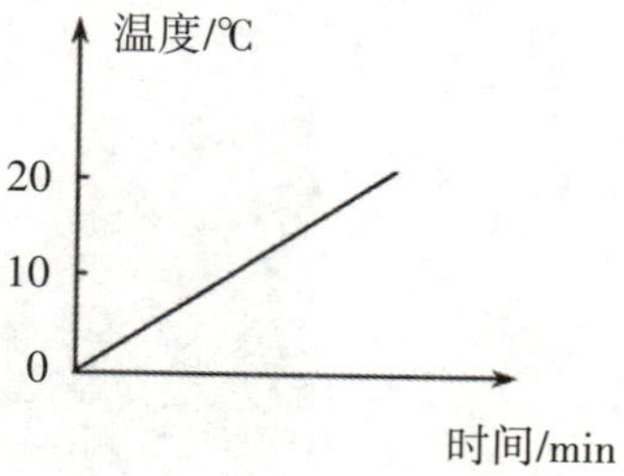

D

解析：选B。本题考查汽化的特点。酒精蒸发吸热，能使它附着的温度计温度下降；随着酒精的迅速蒸发完毕，受空气温度的影响，温度计的示数又会上升，直到和周围温度示数相同时，不再上升，故选B。

（5）医生抢救中暑病人时，通常在病人的额头和身上擦酒精。这种方法称为“物理疗法”。这种疗法的依据是酒精（　　）（填写物态变化名称）时，会（　　）（选填“吸收”或“放出”）热量。

解析：把酒精擦在身上后，酒精易挥发，发生汽化现象，汽化过程会从身上吸收热量，这样会降低身上的温度。

答案：汽化（或蒸发）　吸收

（6）（2012·吉林中考）如下图所示，小明盛热汤时，戴的眼镜马上变得雾蒙蒙的，什么都看不清了，这是因为水先（　　）成水蒸气，又遇冷（　　）成小水珠附着在眼镜片上。

解析：热汤中的水吸热发生汽化变为水蒸气，水蒸气遇到冷的眼镜片，放热液化成小水珠。

答案：汽化　液化

（7）小凡同学在做“观察水沸腾”实验中：

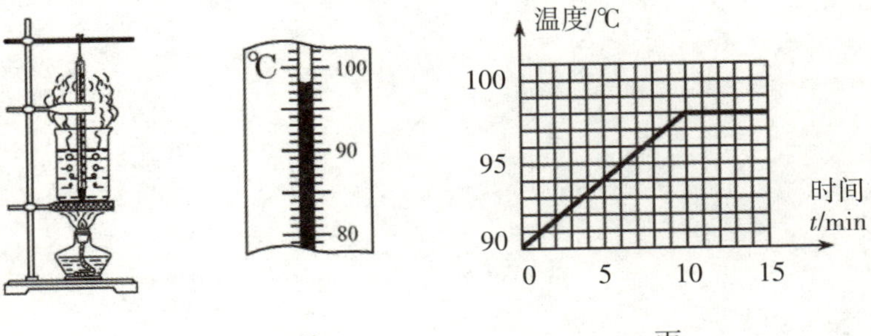

甲　　　　乙　　　　丙

①他的操作如图甲所示，其中错误之处是（　　）。

②纠正错误后，水沸腾时温度计示数如图乙所示，为（　　）℃。

③分析如图丙所示的图像，可知水的沸腾特点是（　　）。

解析：本题考查了温度计的使用及水的沸腾实验。

①在题图甲的情景中，温度计的玻璃泡接触到了容器底，操作错误。

②温度计上的示数从90 ℃到100 ℃共有10 ℃，两者之间有10个小格，故其分度值为1 ℃，结合液柱的位置，可以确定此时温度计的示数为98 ℃。

③从图像可知，随着加热的进行，水的温度在逐渐上升，当加热到10 min时，此时的水已沸腾，虽然吸热，但其温度并没有增加。由此可知，液体沸腾时的特点是吸收热量，温度不变。

答案：①温度计的玻璃泡与容器底相接触；

②98；

③吸收热量，温度不变。

【一点通】

小明和小红都想帮妈妈煮粥。小明认为粥锅里的水烧开后，可继续让火烧得很旺，煮得满锅沸腾，这样会很快将粥煮好；小红则认为，沸腾后应改用小火，盖上锅盖，让锅内微微沸腾，将粥煮好食用。你认为谁的想法更合理？请说出理由。

学生自答：小明的想法更合理。因为火烧得很旺，粥就能吸收更多的热量，温度升得更高，煮粥用的时间会更短。

教师点评：①知道水沸腾需继续吸热，非常好！②解释错误，忽略了水沸腾时吸热，温度不变。

正确答案：小红的想法更合理。因为锅内水沸腾后，不管如何加热，温度将不再升高，故只需用小火加热即可保持水的沸腾状态，还可以节约能源。

❊本文作者系中学物理一级教师。

《What´s the best movie theater?》教学案例分析 / 王　军

一、背景

1. 上课地点：兰州三十二中八年级一班。

2. 学生情况：学生英语基础普遍较差，接受能力较差。

3. 知识背景：学生在第三单元中已学会了单音节和双音节形容词比较级的用法，明确了比较级与最高级的构成法规则相同，掌握了good、much、many、bad、little等形容词的比较级和最高级。

4. 教学内容：八年级上“Unit4:What´s the best movie theater?”第一教时。

5. 教学目标：能掌握单音节和双音节形容词的最高级的用法；能归纳总结形容词原级、比较级、最高级的用法并能理解运用。

6. 预期目的：传统语法教学，教师往往给出语法规则，然后让学生操练、套用规则以达到目的。这样的教学，学生的主体性没有得到充分发挥，课堂气氛较沉闷，学生较易感到枯燥乏味。因此，我想将探究性学习方式渗透在课堂语法教学中，创设情境，让学生发现语法规则，巩固规则，运用规则，从中发展学生的探究能力、创新精神。

二、设计意图、教学片段及诊断分析

“探究性学习”强调的是以学生为主体、问题为中心、研究为手段、实践为途径、过程体验重点、创新精神和实践能力培养为目的的一种学习方式。在本课设计时，我力求将上述特征体现在课堂教学中。我发现，研究性学习实施时三个相互交叉推进的阶段，即进入问题情景、实践体验 、表达和交流，与外语教学“3P模式（Presentation—Practice—Production）”是相通的。因此，我在Presentation这一阶段中，以教材内容为出发点，创设情境，引出最高级，激发学生探求最高级使用规则的欲望并归纳总结（即发现、探究问题）。在Practice这一阶段中，我让学生前后联系，形成形容词三种形式用法的知识网络，并探求相应的记忆策略，然后以操练的方式来培养解决实际问题的能力，而英语学习的最终目的是“学以致用”（交际）。找到了两者的结合点，我就在Practice这一阶段中，让学生展开联想，实际运用。研究性学习以过程体验为重点，因此，我着重实录了学生探究活动中的两个片段，以期发现这种学习方式对教师和学生产生的影响，从中提炼出值得探讨的问题。

（一） 引入中“发现语言规则”的探究活动

1.创设情境，激发学生探究欲望。

利用多媒体课件上精美的图片，展示本课时的三个movie theaters 的名称：Movie World、Screen City、Town Cinema。然后，我通过对电影院的seats、screen、price、distance比较和学生问答，引出本课的结构、功能。

T: This is a red seat. That is a blue seat. Which is bigger, the red one or the blue one?

S1: The red seat is bigger （than the blue one）.

T: Right. So the yellow seat is <u>the smallest of the three</u>.

T: What about the red seat? It´s <u>the biggest of the three</u>.

边说边板书上述画线的两句，重要部分画线后，让学生齐读一遍，然后让学生以pair work 形式操练。

Drills:

Model 1

A: Is Screen City the best of all these theaters?

B: Yes, it is.

Model 2

A: Is Town Cinema the cheapest of all these theaters?

B: Yes, it is .

Model 3

A: Is Movie World the most popular of all these theaters?

B: Yes, it is .

2. 布置任务，鼓励学生发现规则。

T: Now, can you tell me how to use the superlative degree of adjectives? You may have a discussion with your group members.

听到指令后，有的学生立刻开始讨论，有的盯着黑板上的例句思索。我在几个小组间巡视，听见有一部分学生说“最高级表示三者间的比较”。我想他们可能受到我引入时举的例子都是三个的影响了。于是我叫这几位同学看操练过的句型，并很夸张地把例句中的of all these theaters读出来。反应快的学生马上兴奋地叫起来：“对，不光是三者，三者以上也可以的！”见别人仍茫然不解，便迫不及待地替他解释，得意之情溢于言表。

three的影响，造成了一些同学归纳规则时的误解。这说明教师呈现规则例证时一定要注意材料的全面性、典型性，同时也说明这些同学还不能恰当地选择信息、处理信息，而学会这些恰是研究性学习目的之一。发现学生探究中的错误后，教师的提醒很重要。

（二）使用规则，帮助学生获得成功

在学生基本掌握形容词的最高级语法规则后，我在多媒体上展示信息，让学生通过连词成句进一步探究如何利用规则来表达思想。

1. Town Cinema tickets the cheapest has

2. Town Cinema the cheapest has tickets

3. Movie World the closest to is home

4. Movie World the seats comfortable has

5. Screen City best sound the has

6. Screen City popular the is most

学生看到屏幕上的句子后，纷纷开始讨论。经过一段时间的交流，大胆的学生说出“Town Cinema has the cheapest tickets”。其他的学生也开始说出正确的句子。为加强学生的熟练程度，我又提供更多的句子让学生探究和练习。随着进度的推进，学生的错误率降低了许多，越来越多的学生能够轻松自如地将句子说出来。通过探究和练习，学生已经能够利用形容词最高级的语法规则来组成新的句子。每个学生的脸上洋溢着成功的喜悦。

通过教学，我发现探究活动只有与语言学习的规律“大量输入后才有输出”结合，才会产生良好效果。效果显示：从课后反应看，多数学生体验到了成功的快乐，形成了主动积极的学习态度，基本达到了探究性学习的目的。

三 、反思

1. 教师在探究活动中的主导作用非常重要。体现在对教材的钻研、教学过程的设计、情感的激励、探究学习氛围的营造等各方面。教师还要有较强的应变能力，在学生思维受阻时巧妙引导，要真正成为学生学习的促进者、组织者和指导者，关键是转变传统的教学观念和教学行为。

2. 要相信学生的学习能力。我是抱着尝试的心态上课。设计时考虑到学生基础差、接受能力弱的特点，特意选了比较级、最高级这一较简单的课题。原先担心学生讨论时不热烈、思维不够活跃等，想不到课上竟出现了好几个出人意料之处：发现为何在最高级句中有用in、有用 of 短语的；运用时形式的多样性。这些让我认识到每个学生都蕴藏着充分的发展潜能，关键是教师如何开发。

3. 我将本课与平时教法相比，觉得运用探究方式更能充分发挥学生的主体性，学生思维的广度、深度、密度更大，更易形成良好的学习方法、策略。本课80%左右的时间是学生活动，“以学生为主体”的教学理念得到了实践。

4. 在本次尝试中，我也发现了一些问题。比如，如何管理课堂，做到“放”而有“度”，“活”而不“乱”？如何在探究活动中照顾学生的个别差异？如何利用小组群体力量，使那些对学习不感兴趣、成绩差、注意力不集中的同学也能够做到积极地参加探究活动？如何将研究活动设计成既符合外语学习理论，又符合学生身心发展特点、知识能力水平？这些问题是我在教学过程感到比较难解决的问题，有待继续研究。

❀ 本文作者系中学英语一级教师。

《图片合成》教学设计与教学反思 / 陆宏燕

【教学内容】

七年级：用Photoshop合成图片

【教学课时】

1课时

【教学目标】

1. 知识目标：学会设置和查看图像的大小，理解Photoshop的层的含义，掌握层的基本操作方法。

2. 能力目标：能利用素材图片合成新的图像。

3. 情感目标：培养学生学习信息技术的浓厚兴趣，培养学生自主探索、协作学习的精神，激发学生的创新意识。在欣赏、品味和制作作品的过程中熏陶、培养学生欣赏美、鉴赏美的艺术素养。

【教学重点】

Photoshop图层的概念和基本操作方法；根据需要设置图像大小。

【教学难点】

图层的具体应用，根据实际需要设计一定主题的图片。

【教学资源】

硬件：多媒体网络教室（有控制平台）。

软件：PhotoShop CS4、“图片合成” 课件、图片网站地址。

【教学方法】

直观演示法、任务驱动法、成功刺激法。

【教学过程】

教学过程	教师活动	学生活动	设计意图
创设情境导入新课	首先给学生展示 P S 的效果图片。 教师提出问题：我们刚才看到的图片是合成到一个页面中的，你想制作相应效果的图片吗？	观看教师广播的素材图片和合成图片，看到合成图片的奇特效果，产生好奇心，萌发学习和创作的强烈欲望。 思考教师提出的问题，进入学习情境。	根据新教育“三层面”基本要求，从教师层面，主导入手。用实物效果和实际生活中发生的事情来引起学生注意，激发学生学习、操作的动力和积极性。
明确任务自主探究协作学习实践应用巩固知识	任务一：现在请同学们“确定主题，搜索资料”。 教师引导学生确定主题，帮助他们搜索资料，讲解巡视中遇到的问题。 教师真正成为学生学习的指导者：为学生提供适当的帮助和指导，对学习中遇到的问题可个别解决，普遍性问题可集中提示或讲解，对学生的学习进行监控，对学生提出的问题要加以点拨，促进学生的学习进程。 引导学生和其他同学合作，帮助学生分小组讨论设计方案和制作方法，对典型方案加以点评。 前期准备工作已经完成，布置学生动手创作作品。 任务二：编辑图像 教师巡视和监控学生的学习和操作，进行个别答疑和辅导，普遍问题则统一讲解；继续鼓励学生相互观摩、相互学习、相互帮助，以增强协作学习精神。 任务三：合成图像	学生明确自己的学习任务，确定要展示的图片（可以在网上下载自己需要的图片，但要掌握时间），进行小组讨论，确定设计方案。遇到问题可以上网查询，进行自主学习，或通过向老师和同学提出问题，以求得帮助。 学生根据所学知识，和小组成员一起协作完成任务。	根据新教育“三层面”基本要求，学生层面，自主切入。通过丰富的教学资源（包括课件及网络资源），支持学生自主学习、和谐探索，满足学生的不同学习进度，培养学生的自主探索能力、协作学习能力，培养学生的创新能力。 知识只有通过亲身实践才能内化成自己的技能。学生在具体完成任务的过程中，达到理解基本概念、掌握操作技巧的目的。分小组完成任务，可增进学生的合作意识和合作技能，发挥学生各自的特长。

续表

教学过程	教师活动	学生活动	设计意图
成果展示交流及总结	学生完成作品后，教师让学生提交作业，通过展示组织学生进行自评和他评，让学生说出作品的优点和不足之处，组织交流、评价作品，评选最佳创意图片、最美观图片等（评价标准见后表），教师进行点评，充分肯定学生的劳动成果，让学生体验成功的喜悦。	作品制作完成后，学生提交作业，并对作品进行自我评价，介绍自己作品的闪光点和创作体会，并对他人的作品的创意、视觉效果等方面进行欣赏和品评，大家一起评选最佳作品。	根据新教育“三层面”基本要求，师生互动层面——教学相长，采用成功激励的方法，给学生以成就感。让学生介绍、评价自己和别人的作品，可发展学生的表达能力、操作能力和评价分析能力，在此过程中构建自己的知识体系。同时培养学生欣赏他人和正确评价他人的良好习惯。
	根据新教育“六维度”基本要求，教师从六个维度总结这节课的重点及难点，确保重点、难点的突破，总结学生在创作过程中遇到的一些细节问题。	总结自己本节课所学的知识，反思自己的操作过程。	新教育“六维度”：参与度、亲和度、自由度、整合度、思维度、训练度。

【作品评价标准】

	优	良	一般
知识性	图像大小设置，图层的应用和操作有背景图片，使用了多张素材图片，各层图片的处理非常合理	使用了多张图片，图片经过合理处理	使用的图片在3张以下，图片没做多少处理
创意	创意独特	有创意	主要是模仿
美观	整体布局合理、科学，有强烈的视觉冲击效果	整体布局比较合理，有较好的视觉效果	整体布局一般，视觉效果一般

【效果评价】

包括自我评价、小组评价、教师评价。课堂教学效果的评价主要通过以下途径来进行：一是过程评价，教师在教学过程中通过引导、帮助学生探究知识，参与讨论，及时发现问题并对学生的查阅资料、参与讨论协商、操作等方面的表现给予评价，鼓励学生继续学习；二是总结性评价，通过收集学生做的作业（作品），及时批改，反馈信息，判断学生对基本概念和技能的掌握程度，及时发现疑难问题并进行讲解。

【课堂小结】

1.学生谈完成作品的收获。

2.简述合成的步骤，介绍相关网站。

开展“三层面”“三维度”研究。“三层面”：教师层面，主导入手；学生层面，自主切入；师生互动层面，教学相长。“三维度”：参与度，引导全员参与和全面参与；亲和度，激发学生学习兴趣和热情；自由度，凸显人的生命价值。

【教学反思】

计算机软件的教学不是让学生创作多高质量的作品，而是重在培养学生学习软件的方法和探索、创新精神，重在提高学生的自主学习和操作能力，只有通过自己一步一步的具体操作，才能真正理解所学的知识内容，提高操作技巧，解决实际问题。因此，课堂教学中一定要给学生提供一个探索学习的平台，否则学了这一课就只会“这一点”。让学生带着任务去探索，明确学习的方向和目标非常重要。

1.学习者分析：

（1）在进行本节课的学习之前，我们已经学习了Photoshop的工具的使用，对属性、控制面板有一定的认识；适应网络教学环境，能熟练地访问Internet站点和教师的共享资源。

（2）学生具有较强的自主学习和实践、探索的能力，并且能比较客观地评价自己。

（3）部分学生的自控能力不够强，让他们搜索素材时容易在网络上浪费时间而耽误课堂任务，因此教师要实施有效的监控。

2.这节课的教学任务基本完成，主要有以下特点：

（1）本课教学设计真正体现了“以学生为主体，教师为主导”的教学思想，通过意义建构，学生的技能不断加强，课程实效性强。

（2）教师的角色转变为学习资料的提供者和学习过程的组织者。本课教师主要是指导和组织学生学习，避免了枯燥的讲述，留给学生尽可能多的自主探索和具体操作的时间。

（3）教学策略丰富、实用，优化了课堂，充分调动了学生学习的积极性和主动性。网络成为辅助学习的认知工具和组织学习过程的信息平台。

（4）图像处理软件的学习还涉及美育方面的知识和素养，创作一幅实用美观的作品要花费较多的时间，有不少学生因此没有机会将整个作品制作得更加完美，这对学生来说无疑是一个遗憾。

（5）作品展示及教学评价是一个亮点，充分鼓励了学生的学习积极性。

3.不足之处：

（1）主题设定没有规划范围，学生思维太分散，导致主题不好确定。

（2）没有预备应对紧急问题的教学预案。

本文作者系中学计算机一级教师，德育处干事。

《财产留给谁》教学案例 / 刘利琪

【教学目标】

知识目标：了解有关遗产继承的几个概念、继承权的实现方式以及在继承权发生争议时，我们应有的态度和方法；提高分析问题和解决问题的能力。

能力目标：以小强一家的遗产继承故事为线索，通过合作探究，分析案例，让学生积极参与整个教学过程，从而能够运用所学知识解决一些生活中面临的实际问题。

情感态度价值观目标：通过活动培养学生尊重权利、尊重法律的意识，让他们能够自觉学法、守法和用法，并发扬注重情义、互谅互让的社会主义优良的传统美德。

【教学重点】

继承权的实现方式。

【教学难点】

处理有争议的继承权。

【教学方法】

情景教学、案例分析、合作探究、精讲归纳。

【教学准备】

多媒体课件

【课时安排】

1课时

【设计理念】

对于现实生活中存在的财产继承问题，未成年人知之不多，有必要对其进行这方面的教育，使学生懂得继承人继承遗产，既要遵循法律规定，又要弘扬中华民族传统美德。

在进行本节课教学时，虚拟了一个八年级学生小强，以小强一家的遗产继承故事为线索，设置环环相扣的情境和问题，吸引学生通过思考或小组讨论来分析案例，鼓励学生积极参与整个教学过程，通过自己的学习和感悟形成理念。教师适时给予点拨引导和补充说明，重在培养学生自主学习、合作探究以及运用所学知识解决一些生活中面临的实际问题的能力。

【教学过程】

导入新课：我们的同龄人小强因为家庭财产问题非常困惑，我们一起来帮帮他，不过在帮他之前，我们需要做好准备。

新课学习：幻灯片出示自学提纲，请同学们速读P76-P80内容，勾画下列问题：

1.被继承人、遗产的含义及条件

2.继承人、继承权的含义、法定继承人的范围

3.继承顺序

4.继承权的实现方式

5.法定继承及法定继承中的遗产分配原则

6.遗嘱继承的含义、优点

7.遗赠的含义

8.当继承权发生争议时怎么办

活动一：清官难断家务事

中学生小强，全家有父亲、母亲、爷爷、奶奶、姑姑，共六个人。属于

小强父亲的个人财产有稿酬存款、图书字画、宝石古玩等，其共有财产还有五间私房、彩电、冰箱等。小强父亲病情恶化，母亲、爷爷、奶奶、姑姑都在谈论财产继承的问题，都声称自己不仅有权继承小强父亲的财产，而且有权继承房子、彩电等家产。小强的爷爷认为，小强父亲的财产都能讲明来源，即便来源不明，人过世了，财产自然归家人所有。

思考交流：

（1）小强的父亲尚未去世，其财产能继承吗？

（2）小强家的共有财产如五间私房、彩电、冰箱等，能继承吗？

（3）如果小强父亲的财产来源不明，能继承吗？

教师点拨引导：我们享有财产继承权

1.继承权的含义

2.被继承人、继承人的含义

3.遗产的含义及条件

活动二：不幸降临

不久，小强的父亲因病去世，小强的家人召开了家庭会议，准备继承遗产。小强的姑姑认为小强还是个孩子，还没有成年，所以小强不能参与继承。小强的爷爷奶奶也认为小强不能参与继承。小强的妈妈认为小强应该参与继承，姑姑不应该参与继承。双方争执不下。

思考交流：

（1）小强是未成年人，有继承权吗？

（2）小强姑姑欲与小强在同一顺序继承，行吗？

教师归纳：

1.法定继承人的范围：配偶、子女、父母、兄弟姐妹、祖父母、外祖父母、丧偶但尽了扶养义务的女婿或媳妇为法定继承人，享有继承权。

未成年人小强属于法定继承人，享有继承权。但小强尚未成年，其继承权应由他的法定代理人代为行使，或征得法定代理人同意后行使。

2.继承顺序：

第一顺序继承人：配偶、子女、父母、丧偶但尽了扶养义务的女婿或媳妇。

第二顺序继承人：兄弟姐妹、祖父母、外祖父母。

继承开始后由第一顺序继承人继承，第二顺序继承人无权继承。没有第一顺序继承人或第一顺序继承人放弃继承，才由第二顺序继承人继承。

小强的姑姑是第二顺序继承人，现在有第一顺序继承人，并且没有放弃权利，所以小强的姑姑不能实现继承权。

3. 代位继承即被继承人的子女先于被继承人死亡的，由被继承人子女的晚辈直系血亲代位继承。代位继承人一般只能继承他的父亲或母亲有权继承的遗产份额。

活动三：案情续写

由于小强的姑姑不能实现继承权，所以小强的姑姑退出继承。小强的爷爷、奶奶、母亲，为遗产的分配发生了争执，爷爷奶奶认为自己把小强父亲抚养成人不容易，所以应该多分，小强的母亲认为小强还未成人，小强应该多分。双方又争执不下。

思考交流：

（1）小强家的这种继承方式属于哪种继承方式？

（2）应该按哪些原则对遗产进行分配？

教师归纳：继承权的实现方式

1.法定继承的含义

2.遗产分配原则

教师补充：

1. 平等原则：男女平等，同一顺序继承人一般均分。

2. 照顾原则：照顾未成年人和缺乏劳动能力的老年人。

3. 权利义务一致原则：多劳多得，少劳少得，不劳不得。

活动四：突如其来的变化

正当小强的家人准备分割遗产的时候，小强父亲的律师来到小强家，拿出了小强父亲生前的遗嘱，遗嘱中提到：小强是未成年人，要把遗产的二分之一留给小强，父母年老体弱，四分之一留给父母，另外四分之一给小强的母亲。小强继承的份额暂时由爷爷奶奶和母亲共同管理。

思考交流：

（1）遗嘱继承的含义、优点。

（2）此案中小强父亲的遗嘱是否有效？

（3）此时该如何继承？如何分割财产？

教师归纳：遗嘱继承的含义、优点

教师补充：

1. 遗嘱形式：自书、代书、录音、口头。

2. 必须有两个以上见证人在场见证。

活动五：家庭纷争

三个月后，小强的母亲另嫁他人，对小强不闻不问，对爷爷奶奶更是置之不理，姑姑也远嫁他乡，从此音讯全无。为此，年迈的爷爷奶奶和邻居家签订了协议：爷爷奶奶由邻居一家照顾，死后房产送给照顾他们的邻居。临死前，爷爷奶奶立下遗嘱并办理了公证：两人死后，存款由小强继承，房产送给照顾他们的邻居。小强的姑姑知道父母去世，回家要求继承自己父母的遗产，要求小强交出爷爷奶奶的存款，并要把邻居的房产收回。小强的母亲也以小强是未成年人为由，霸占了小强应继承的遗产。

思考交流：

（1）姑姑的做法正确吗？为什么？

（2）面对姑姑和母亲，假如你是小强，你会怎么做？

教师归纳：遗赠不属于遗嘱继承且受法律保护。当继承权发生争议的时候：

1. 互谅互让、协商处理

2. 由人民调解委员会调解

3. 向人民法院提起诉讼

【课堂小结】

利用板书小结

【板书设计】

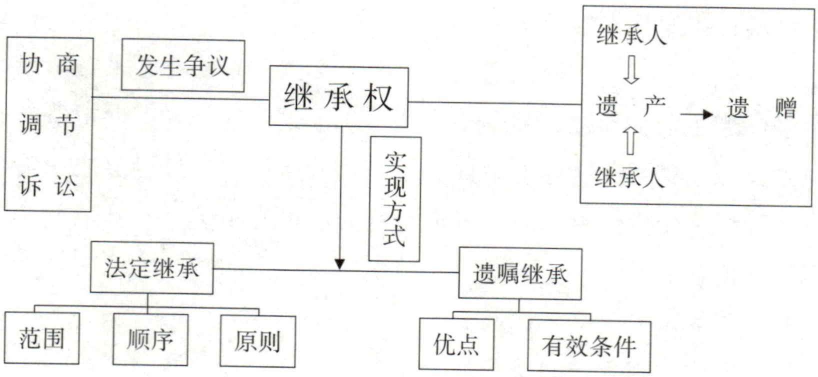

※ 本文作者系中学政治一级教师，政史地生教研组长。

激发兴趣　启迪智慧

——“杠杆”案例分析 / 沈德荣

一、导入新课　激发兴趣

师：阿基米德说：“给我一根足够长的棍子，我就可以撬起地球。”你认为他的说法有道理吗？能实现吗？

生：有道理......

师：带着问题进入今天的课堂——“杠杆”（教师板书：杠杆）。

分析：本节的引入面向学生的生活，根据名人名言引入主题，体现了从生活走向物理的课程理念。为学生创设一个问题情境，激发学生强烈的求知欲望。

二、自主学习　积极主动

师：仔细观察课本98页图9-10、图9-11，这是我国古代劳动人民用桔槔来提水，用舂来捣谷，把一根硬木棒中间用绳子吊在树上，棒的一端拴好一个重物，另一端用绳系水桶在井中提水。古代劳动人民聪明不聪明？

生：聪明。

师：这根用来提水的木棒就是杠杆。生活中很多机械如钳子、锤子、起子都可以看成杠杆。仔细观察在使用它们的过程中的共同点。各小组讨论这一问题（学生进行讨论，教师巡回指导并参与到几个小组的讨论中去，大约过3分钟，学生分小组汇报）。

第一小组：我们小组认为，在使用过程中这些机械都受到了力的作用，都能绕一个点转动。

第六小组：我们小组认为，在使用时这些机械都能绕一个固定点转动，都存在一个使棒转动的力和一个阻碍棒转动的力。

师：你们回答得都很好，那么谁能给杠杆下一个定义呢？

生1：一根棒能绕一个点转动，这根棒就是杠杆。

生2：我想应该是一根硬棒，也就是说棒受力时不发生形变，棒在力的作用下能转动，这根棒就是杠杆。

生3：我认为应该是一根硬棒在力的作用下能绕一个固定点转动，这根硬棒就是杠杆。

师：同学们给杠杆的定义很好。下面同学们自学杠杆的五要素，即支点、动力、阻力、动力臂、阻力臂。在纸上画一画人用木棒撬石头时的杠杆五要素（学生们开始阅读，阅读后画图，教师让一个学生到黑板上板演，板演的同学把阻力画成了石头的重力，有一个学生指了出来。教师提醒学生杠杆受的动力、阻力要画在杠杆上）。

师：同学们通过独立学习知道了杠杆的五要素，并能在图上准确地画出来，在这一过程中你们也增强了自学能力，老师为你们高兴。

分析：这一部分内容主要是杠杆的定义和杠杆的五要素。教师采用了让学生寻找实际杠杆的共同点的方法，并抽象出杠杆的定义，这体现了教师要创造性地使用教材的新理念。杠杆的五要素这一部分让学生独立自学，培养了学生的自学能力，调动了学生的积极性。

三、合作探究　深入理解

师：人们使用杠杆时，有时需要杠杆静止，比如用杆秤称物体时，杆秤要静止；有时需要杠杆转动，比如用锤子起钉子等。杠杆的静止不动或匀速转动被称为杠杆的平衡，人们是在杠杆平衡或非常接近平衡的条件下使用杠杆，那么杠杆在什么条件下才能平衡呢？在哪种情况下研究比较方便呢？

生4：我认为在杠杆静止的情况下研究方便，因为在前面研究二力平衡条件时我们研究的就是物体处于静止的情况。

师：研究二力平衡条件时，研究的是两个力的关系，要研究杠杆的平衡条件应该如何入手呢？

生5：杠杆的五要素是支点、动力、动力臂、阻力、阻力臂，要探究杠杆平衡的条件，我想应该是在支点固定时，研究动力、动力臂、阻力、阻力臂四者的关系。

师：回答得很好（教师用杆秤称一物体，用手提起提钮，让学生观看）。用杆秤称物体时，哪一点是支点？如何测量秤砣和物体对秤杆拉力的力臂？

生6：提钮是支点，杆秤水平静止时，用刻度尺量出提钮到挂物体细绳和挂秤砣细绳的距离就是力臂。

师：同学们猜想一下动力、动力臂、阻力、阻力臂满足什么条件时杠杆才平衡呢（此时教师在秤盘中又增加了一个小物体，秤砣向外拨了一小段）？

生7：我想当秤盘中的物体增加时，杆秤要平衡，秤砣要向外拨，秤砣的力臂增加。因此我猜想杠杆的平衡条件是：动力＋动力臂＝阻力＋阻力臂。

生8：我认为有可能是动力×动力臂＝阻力×阻力臂。

师：（教师板书两种猜想）两位同学的猜想很好，但是只有一种猜想正确，哪一种正确呢？下面同学们自己设计实验来验证哪一种猜想正确。利用桌上的器材，各小组进行探究，每组至少测三组不同的数据，最后总结出结论（各小组学生进行实验探究，教师指导学生实验中出现的问题，10分钟后以小组为单位汇报）。

第十小组：我们通过调节杠杆两端的螺母，使杠杆在水平位置平衡，因为这样便于测量力臂，我们做了三次实验证明了杠杆的平衡条件是动力×动力臂＝阻力×阻力臂。

第七小组：（刚才猜想平衡条件是“动力＋动力臂＝阻力＋阻力臂”的学生回答）刚才我没有和同学讨论时，认为我的猜想正确，实验中也确实有两组数据满足了“动力＋动力臂＝阻力＋阻力臂”，但是第三组数据不满足。通过讨论我知道了不同的物理量是不能相加的，并且知道了一个结论的得出是通过多次实验总结出来的。

师：这位同学通过做实验，否定了自己的猜想，很可贵。正如这位同学所说，科学家们在总结某个规律时，都是通过大量的实验验证。我们在探究问题时也要多做几次实验，对多组数据进行分析。我们为这位同学的回答鼓掌（师生共同鼓掌）。

分析：这一部分主要是学生进行实验探究，先让学生通过观察杆秤的平衡猜想杠杆的平衡条件，然后自己设计实验验证猜想或否定猜想，从而得出正确的结论。这种教学形式落实了三维教学目标，培养了学生探究、合作、交流的能力，让学生体验到了成功的快乐。

四、应用知识　分类归纳

师：有些杠杆是省力的，如撬棍，而有些杠杆是费力的，如火钳，你能利用杠杆平衡条件推导出杠杆的类型吗（各小组推导总结杠杆的类型）？

第五小组：杠杆可以分三类，$F1<F2$，$L1>L2$，这类杠杆是省力杠杆，但省力杠杆费距离；$F1>F2$，$L1<L2$，这类杠杆是费力杠杆，费力杠杆省距离；$F1=F2$，$L1=L2$，这类杠杆是等臂杠杆，等臂杠杆可以改变力的方向（师生共同鼓掌）。

五、及时联系　巩固新知

出示练习题，师生合作共同完成练习题，巩固并加深对知识的理解和应用。

六、精彩总结　知识升华

师：杠杆的平衡条件是希腊学者阿基米德首先发现的，在我们学过的物理规律中，还没有我们中国科学家首先发现的规律，希望同学们认真学习，争取长大后为我国的科学事业做出自己的贡献。用我们刚学过的知识解释“阿基米德的想法能实现吗？”

生8：我认为不能实现。因为没有支点，也没有足够长的棍子，只能在理论上可行，但无法实现。

师：回答得很好。通过这一节的学习自己有哪些收获呢？

生9：学习了“杠杆”这一节，我不仅懂得了有关杠杆的物理知识，而且还知道了杠杆在我们的生活中有着十分广泛的应用。在这一节课中，我经历了像科学家一样去探究问题的过程，锻炼了我探究问题的能力，增加了我学习物理的兴趣，增强了我学好物理的信心。

师：说得太好了。

教学反思：教师引导学生用探究出的规律去解决问题，引导学生进行反思、总结，这样做使学生在学习过程中的体验和感悟进一步升华，有利于学生科学素养的提升。本节课突破了课本中心、教师中心的课堂教学模式，让学生在探究中、合作中、体验中学到知识，激发了学生学习的兴趣，调动了学生学习的积极性，让学生成为学习的主人，教师成为学生学习的引导者、组织者、参与者。

❀ 本文作者系中学物理一级教师。

为学生点亮一盏“心”灯 / 李　枫

从事教育工作已近十五年，担任班主任工作也有十个年头了，随着年龄的增长，工作的方式也在岁月的磨炼中愈渐成熟，我从最初年轻教师的冲动与热情，走上了中年教师的成熟稳重，在不断学习的过程中与学生共同走在成长的道路上。我在班主任工作中也逐渐形成了自己的方式和特色。在新教育的理念倡导下，要求班主任工作也要与时俱进。

一位诗人曾说过：世界上许多事情都可以等待，唯有孩子们的事情不能等待，因为孩子的名字叫“今天”。如果孩子的“今天”是失魂落魄，是萎靡不振，是痛苦煎熬，是得过且过……那还有什么理想，还有什么未来可言。教育家苏霍姆林斯基在他的博士论文中有这么一段话：“培养全面发展的人的技巧和艺术就在于：教师要善于在每一个学生面前，向他打开他的精神发展的领域，使他能在这个领域达到顶点，显示自己，宣告大写的‘我’的存在，从人的自尊感的泉源中汲取力量，感到自己并不低人一等，而是一个精神丰富的人。”由此可见，培养一个人积极的态度是非常重要的。

我所在的学校处于城乡接合部，生源复杂，学生家庭背景呈现多样化，多为外来务工人员子女，学生家庭条件普遍比较差，在连续多年的家访工作中，我了解到以下问题：（1）多数家庭以租房者居多，学生没有独立的生活和学习空间；（2）父母多从事中低收入行业，生活压力较大；（3）家庭教育几乎缺失，父母与子女的交流很少；（4）这些家庭的孩子在自信人格的发展方面有很多缺陷，主要体现为：人生不自信，生活无目标，自己不知道有什么人生追求，得过且过；（5）学生家庭观念淡薄，没有感恩之心，对家有厌倦感，不爱回家。

【案例】

金某某，男，14岁，九年级学生，父亲是司机，母亲为售货员，父母为外来务工人员。在学校，他的成绩中等，是一个活泼开朗的男生，很懂礼貌，有很多朋友，积极参加活动，表现自信。

一个周日的晚上9点多，我接到了他妈妈的电话，电话中她泣不成声，说儿子周六一大早要了50元出门，现在还没回家，问他要钱干吗，他只说出去玩，问他和谁去、去哪儿，他粗暴地回答不让管，只催促快给钱，然后就是不回家，也不给家长打电话。我安慰了家长，然后联系其他同学，大家一起努力才联系到了他，劝他先回家。他妈妈也和我沟通过，说他小学阶段很听话，但进入初中阶段后与父母几乎不愿意交流，回家很少说话，只有要零钱时才愿意和父母说话，并且态度强硬，经常周末在外玩耍，回家后他的妈妈也不敢多问去哪里了。父母一关心他的学习情况，他就和父母大吵大闹，父母也不明白孩子的变化源于什么。没想到这次居然不回家了。

第二天是周一，我决定好好和他谈谈。我安排他在办公室等我下课，先在办公室想想周末的事情做得是否合适。就在上课中途，他猛地推门进了教室，还气呼呼地收拾起书包，一边收拾一边说："我不念书了！"多年的班主任经验告诉我，不可以硬处理，此时宜冷处理，于是我安排了其他同学自习，静静等他收拾完，让他来办公室解决问题，他一副要打架的样子跟我进了办公室。我拉过凳子，然后平静地问他："你为什么不等我下课再谈你的问题？"他反问："我不知道我哪儿做错了？"于是，我说起了他妈妈昨天晚上联系我，告诉我他周六一大早要钱出门，四处找他。然后他来了一句："那就是他们给你打小报告！"听到这里，我就感觉到他与父母的隔阂已深，他的问题远比我想的严重。于是，我倒了一杯水给他，和他慢慢聊起了他对父母的看法。渐渐地，他开始吐露了很多我不曾了解的信息。他有句话深深触动了我，他说自己从小就感觉以后会是个乞丐，也没什么前途，学习上即使再努力也考不上高中。在与他的交流中，我还感觉到他对父母的嫌弃和埋怨，埋怨父母不能给自己提供更优越的生活环境，现在还没有自己独立的房间，得和父母住在一起，还发现在他极强的自尊心背后其实隐藏着一颗巨大的自卑心，别看他平时表现很活泼，其实他很怕同学瞧不起他。他觉得父母是打工的，自己外来务工子女的身份低人一等，感觉生活没任何希望，慢慢变相地将气撒在父母身上，不愿与他们说话，不爱回家。

听完他的话，我告诉他其实他内心是很自卑时，他沉默了，退去了伪装的自信面具，露出了一个最真实少年的面目，对我说："是的，老师，你说得对。我其实一直很自卑的。"之后的谈话进行得很顺利。我们从王侯将相宁有种乎谈到当代的成功名人，我们聊了奋斗成功的励志故事。我慢慢地向他传递一种思想：人无法改变父母，但可以通过努力改变自己的未来，父母给了我们生命，这一点就值得我们用一生去感恩，这世上只有父母会为你尽力去付出所有，他们可能不富有，但他们付出的爱是无价的。自尊也不是别人给的，而是自己努力赢得的。

那天我们谈了许久，我给他妈妈打了电话，告诉她孩子和我一起吃午饭，然后让他在教室休息。晚上接到他妈妈的电话，说孩子回家就说了句"妈，我错了"。就是这么简短的道歉，也是他们从未听过的。

【反思】

这是一个典型的外来务工家庭，父母的家庭教育是缺失的，父母可能忙于生计或是不善用语言表达关爱，使得孩子在成长中不能了解父母的辛苦努力，导致他越长大越不理解父母，也对自己越来越没有自信，家庭关系也逐渐跌入冰谷。孩子对自己的未来渐渐地有过一日是一日的消极思想，不知道感恩，却又将父母当作提款机。这是当下很多进城务工子女普遍存在的问题。如果父母从小就让他知道：虽然我们现在生活还不是很好，但是父母一直在努力，作为家庭的一员，你也要努力学习，我们一起为幸福生活努力加油！这样让孩子懂得父母的辛苦和家庭的困难，同时树立面对困难的自信心，认识到自己的努力对家庭的未来发展至关重要。如果避而不谈家庭责任，只是一味沉默不交流，会让隔阂越来越深。这不利于帮孩子形成积极向上的正确人生观和价值观。

之后，我与小金的父母面谈了一次，分析了他们家庭教育中存在的问题，并给他们很多家庭教育方面的建议，还建议他们租个大点的房子，给孩子隔出一个独立的空间。有意让孩子参与了解家庭事务，定期与孩子沟通，以便了解孩子的状况。在学校里，我也开始格外注意他的表现，我发现他的笑容里少了强装、多了真诚，课堂上他也更认真了，和老师的交流也越来越坦诚了。

这件事之后，我深感平时的工作做得还是不够细致，只关注了学生综合素质的提升和成绩的提高，而忽略了学生作为人的发展。只有走进学生的内心深处，才能发现隐藏在角落的问题，只有点燃他的心，才能照亮他人生前行的路。

※本文作者系中学英语一级教师，现任八年级五班班主任。

创意的表达是设计的灵魂

——关于《凝练的视觉符号》的教学案例分析 /徐春梅

设计，在我们的生活中无处不在，尤其是标志设计，在很多时候代替了我们的文字和语言，标志设计（Logo Design），是表明事物特征的记号。它以单纯、显著、易识别的物象、图形或文字符号为直观语言，除表示什么、代替什么之外，还具有表达意义、情感和指令行动等作用。《凝练的视觉符号》是七年级美术课中培养学生进行美术设计的基础课程，属于“设计·运用”学习领域的内容，是以运动会为表现主题单元的第一课。因此，对于标志设计的学习是十分必要的。我对这节课的基本构思是：通过对学生的启发，让学生充分认识到标志设计与生活之间的密切联系，引导学生通过欣赏成功的标志设计作品，分析设计师的设计思维过程，加深对标志设计中现代设计观念的渗透，逐步了解标志设计的方式方法，并能从学习活动中提高对标志设计的审美能力和实践能力。

我提出了以下问题进行研究：

1. 如何设定有效的教学目标，处理目标与教学重难点的关系？

2. 怎样组织课堂语言，让环节之间的过渡自然合理？

3. 如何引导学生，达到预定的教学目标？

4. 怎样开展有实效性的教师示范？

5. 怎样引导学生，体现标志设计的特点？

一、有效的教学目标是整节课的主线

——源于“如何设定有效的教学目标，处理目标与教学重难点的关系？”的问题研究。

【片段一】设定教学目标

1. 知识与技能：了解标志的概念、分类、设计要素及表现形式等基本知识。

2. 过程与方法：学习标志设计的创意和方法；培养学生应用标志的设计要素进行表达的能力。

3. 情感态度与价值观：培养学生的观察、想象、创作思维能力和实践能力。

教学重点：标志种类、设计要素及表现形式。

教学难点：标志设计的创意。

分析：一节课的成功与否，教学目标的设定很关键。根据教材和教学大纲的目标要求，在设定教学目标时，我注重对标志设计基本知识的了解，有意识地培养学生的表达能力。只有设定了有效的教学目标，教学思路才会清晰，才知道这节课探讨、交流的最重要的问题是什么，才能把握整节课的节奏。

二、生动的语言引入是课堂成功的开始

——源于“怎样组织课堂语言，让环节之间的过渡自然合理？”的问题研究。

【片段二】引入阶段

1. 引入标志的概念（出示一个大家熟悉的标志图形）

提问：请大家来说说，这个图案代表什么？

引入新课（出示生活中的标志图形）。

2. 了解标志的分类（出示不同类型的标志图形）

师：图片上的标志是哪种类型呢？你能不能对号入座选一选呢？

（1）政治、文化和体育性标志

（2）商业标志

（3）公共服务性标志

【片段三】讨论阶段——讨论标志的功能

师：了解了不同类型的标志，下面我们一起来讨论一下标志都有哪些功能和作用（识别、象征、审美）。

分析：以“趣”入题、引路，以“美”入情、入境。生动的语言是课堂气氛和学生感兴趣的关键，对问题的设置也要仔细琢磨，才能够准确地引导学生来回答，语言是激起学生学习兴趣的关键，能够为课堂创设一个良好的学习氛围。明确什么是标志以及标志的特点，欣赏优秀的标志设计，丰富学生的视觉印象，为学生的创作打下基础，这些环节的接洽都需要语言的引导，过渡自然才能够营造良好的学习氛围。

三、教学目标的实现源自正确的引导

——源于“如何引导学生，达到预定的教学目标?”的问题研究。

【片段四】认识标志的表现形式和组合形式

1.图形构成的标志（包括具象和抽象两种——图形组合），如“中国青年志愿者”标志。

2.文字构成的标志（包括汉字、字母和数字——文字组合），如“永久”标志。

3.综合型标志（包括文字和图形——图文组合），如“中国铁路”标志。

【片段五】创意表达

1.标志的构思与创意

（1）北京2008年奥运会申办标志

（2）“篆书之美”——北京奥运会体育图标

（3）北京申办2008年奥运会标志

（4）玛莎女子学校的校徽

2.认识标志设计要素

构思——新颖、独特，表意准确；

构图——凝练、美观、概括，讲究艺术性适形（适应其应用物的形态）；

色彩——单纯、强烈、醒目。

3.设计标志的方法、步骤

尝试为全国第九届运动会设计会标：

（1）选题——确定标志设计的题目、内容和表达的信息；

（2）构思——突出标志设计的特征，用什么表现形式来表现；

（3）构图——反复思考，寻找简练、概括的形象，明确地表达信息；

（4）定稿——确定设计定稿；

（5）着色——设色做到单纯、醒目，可以用调和色，也可以用对比色。

分析：在强调直观性的基础上，介绍和评析标志的表现手法，增强学生对标志的理解，为提高学生的设计能力做铺垫。结合欣赏优秀的标志，了解作品的构思与创意。这一环节的设计是为了实现教学目标，突破难点。在创意方面，打开学生的思路，让学生在创意表达方面有一个正确的引导。

四、教师的示范事半功倍

——源于“怎样开展有实效性的教师示范？”的问题研究。

【片段六】标志设计步骤（教师演示）

以“兰州市第三十二中学校徽”为例演示设计方法。

分析：以一个标志为例，讲解标志设计的过程。再以我们的学校为例设计一枚标志，当看见主题“兰州市第三十二中学”时，抓住关键字眼“三十二”进行构想：文字的组合形式来表现，采用数字“32”的变形，将“32”变为彩带与彩虹，学校的主题是学生，添加三个简单的人形表示七、八、九年级。添加适形——圆环，完成配色。在学生面前进行演示是最有实效性的引导，提高了学生的创作热情，学生很容易投入到自我的创意中去，真是事半功倍。

五、自由表达创意体现学生的自主性

——源于“怎样引导学生，体现标志设计的特点？”的问题研究。

【片段七】学生动手制作

作业要求：选择相应的图案、文字，为班级设计一个标志。

1.拓展思路，引入运动会中标志的应用；

2.标志设计优秀作品参考。

【片段八】展示与评价

老师将学生设计的标志展现给全班同学欣赏，对优秀的作品请设计者谈谈设计的理念。

【片段九】总结

标志是以特殊的图形或文字组成并表达一定含义的视觉语言，在生活中起到识别、示意和传递信息的作用。

一个优秀的标志应该具备的特征是：清晰易懂，形象简洁，色彩单纯而强烈，具有美感。

分析：在为自己班级设计标志时，学生设计得就很大胆、有特色，并且效果很好。这样的设计给学生松了绑，任想象驰骋，任情感激荡。学生的主体参与、情感参与的积极性得到了充分的展示。开放、多元地评价作品，给学生提供了一个表现自我的平台。能将课堂上学到的知识运用到作业中，使学生的作业精彩纷呈。激发学生的创造力和想象力，提高学生的审美情趣，共同学习、共同进步。今天所看到和所学到的只是标志设计中的一小部分，只要用心去发现、去创造，美就在我们的生活中。

❀ 本文作者系中学美术一级教师，现任八年级年级组长。

初中数学自学、议论、引导教学案例

——求多边形内角和与外角和（一）/ 白建鸿

一、教学目标

1. 知识目标：了解多边形内角和公式。

2. 教学思考：通过把多边形转化成三角形，体会转化思想在几何中的运用，同时让学生体会从特殊到一般的认识问题的方法。

3. 解决问题：通过探索多边形内角和公式，尝试从不同角度寻求解决问题的方法。

二、教学重点、难点

重点：探索多边形内角和。

难点：探索多边形内角和时，如何把多边形转化成三角形。

三、教学过程

教师提出问题：大家都知道三角形的内角和是180°，那么四边形的内角和，你知道吗？

第一个活动：探究四边形内角和。学生在独立探索的基础上，可以分组交流与研讨，并汇总解决问题的方法。方法一：用量角器量出四个角的度数，然后把四个角的度数加起来，发现内角和是360°。方法二：把两个三角形纸板拼在一起构成四边形，发现两个三角形内角和相加是360°。

教师在方法二的基础上引导学生利用做辅助线的方法，连接四边形的对角线，把一个四边形转化成两个三角。教师顺势提出第二个问题：你知道五边形的内角和吗？六边形呢？十边形呢？你是怎样得出结论的？

第二个活动：探究五边形、六边形、十边形的内角和。学生先独立思考每个问题再分组讨论。教师在这个时候要关注学生的两个方面：（1）学生能否以类比四边形的方式解决问题，得出正确的结论；（2）学生能否采用不同的方法。

学生分组讨论后进行交流（五边形的内角和）。方法一：把五边形分成3个三角形，3个180°的和是540°。方法二：从五边形内部一点出发，把五边形分成5个三角形，然后用5个180°的和减去1个周角360°，结果得540°。方法三：从五边形一边上任意一点出发把五边形分成4个三角形，然后用4个180°的和减去1个平角180°，结果得540°。方法四：把五边形分成1个三角形和1个四边形，然后用180°加上360°，结果得540°。

得到五边形的内角和之后，同学们又认真地讨论起六边形、十边形的内角和。类比四边形、五边形的讨论方法最终得出：六边形内角和是720°，十边形内角和是1440°。

教师提出第三个问题：通过前面的讨论，你能知道多边形内角和吗？

第三个活动：探究任意多边形的内角和公式。在这个活动中，学生要思考三个问题：（1）多边形内角和与三角形内角和的关系；（2）多边形的边数与内角和的关系；（3）从多边形一个顶点引的对角线分三角形的个数与多边形边数的关系。

学生结合思考题进行讨论，并对讨论后的结果进行交流。结论一：四边形内角和是2个180°的和，五边形内角和是3个180°的和，六边形内角和是4个180°的和，十边形内角和是8个180°的和。结论二：多边形的边数增加1，内角和增加180°。结论三：一个n边形从一个顶点引出的对角线分三角形的个数与边数n存在（n−2）的关系。

得出结论：多边形内角和公式为（n−2）×180。

结论得出以后，本节课任务已完成，接下来就是实际应用环节。比如设计回答：七边形内角和，九边形内角和，十边形内角和。抢答：一个多边形的内角和等于1260°，它是几边形？一个多边形的内角和是1440°，且每个内角都相等，则每个内角的度数是多少？讨论回答：一个多边形的内角和比四边形的内角和多540°，并且这个多边形的各个内角都相等，这个多边形每个内角等于多少度？

练习熟练以后，由学生自己归纳总结：多边形内角和公式，运用转化思想解决数学问题，用数形结合的思想解决问题。

※ 本文作者系中学数学一级教师，现任八年级一班班主任。

《大气压强》教学案例 / 张延武

【教学目标】

1. 知识与技能

（1）了解常见的大气压强现象。

（2）了解测量大气压强的方法；了解托里拆利实验，知道大气压强的大小。

（3）了解大气压强变化。

（4）了解大气压强在生产、生活中的简单应用。

2. 过程与方法

（1）通过观察一些实验现象感知大气压强的客观存在。

（2）经历粗略测量大气压强和观察分析托里拆利实验的过程，初步体会科学研究方法的重要性。

3. 情感、态度和价值观

（1）乐于探索日常生活中的大气压强现象，有将大气压强知识运用于日常生活的意识。

（2）通过对大气压强的学习，使学生领略大自然的神奇和美妙。

【教学重点、难点】

1.大气压强的存在和大气压强的测定。

2.理解活塞式抽水机和离心式水泵的工作过程。

【仪器材料】

水槽、吸盘、弹簧测力计、注射器、试管、活塞抽水机模型、离心式水泵模型、硬塑料板、橡皮碗。

【教学方法】

演示实验、探究实验、问题讨论相结合的教学方法。

【教学活动设计】

教学过程	教师活动设计	学生活动设计
新课导入	教师出示装有两种酒的带孔的酒壶、透明塑料杯四个:同时堵住两个孔,什么都没倒出来;堵住其中的一个孔倒出白酒;堵住另外一个孔倒出红酒。想知道其中的奥秘吗?	学生仔细观察,一个壶可以倒出两种酒,全班同学疑惑不解。
一、大气压强	通过多媒体投影仪出示图片,提出问题:液体内部朝各个方向都有压强,这是由于液体受重力且具有流动性。那么,空气也受重力且具有流动性,我们周围是否存在朝各个方向的大气压强?	学生回答:存在
	探究大气压强的存在:教师演示注射器抽塑料瓶内空气、小试管在大试管中上升、瓶吞鸡蛋的实验。 从以上的实验中你得到了什么启发,得出了什么结论? 师生共同总结大气压强的定义、原因。 多媒体出示马德堡半球实验,找两位力气大的同学模拟马德堡半球实验。	学生观察实验,交流讨论。 学生观看多媒体了解马德堡半球实验,两位力气大的同学通过拉橡皮碗感受大气压强。
二、大气压强的测量	你能运用手中的器材如弹簧测力计、硬塑料板、小吸盘(面积约1 cm^2),设计实验测出大气压的值吗?教师引导完成实验。 师生共同分析结果,有实验数据不一致,分析总结实验方法粗糙引出托里拆利实验。	学生分组交流讨论,设计实验方案; 学生分组进行实验; 学生分组汇报实验结果。
	托里拆利实验:多媒体出示托里拆利实验视频。教师强调水银有毒。分析托里拆利实验原理,计算大气压的数值。 想一想:水银有毒,为什么托里拆利不用水做实验?通过计算说明原因。 大气压很大,为什么没有把房子压塌? 通过多媒体了解气压计,教师出示空盒气压计。	学生认真观看实验,思考托里拆利实验的原理,计算大气压的数值。学生通过计算知道大气压可支持约10 m高的水柱。 学生交流讨论、观察思考。

续表

教学过程	教师活动设计	学生活动设计
三、大气压强的变化	分析表格数据得出:大气压强随高度的增加而减小。 小实验:把注射器的活塞推至注射器的中部,用手指堵住前端小孔,用力推注射器的活塞,你有什么感觉?松手后你看到了什么? 把注射器的活塞推至注射器的中部,用手指堵住前端小孔,用力拉注射器的活塞,你有什么感觉?松手后你看到了什么?	学生进行实验,分析实验结果。 得出气体体积与压强的关系:在温度不变的条件下,一定质量的气体,体积减小,它的压强就增大,体积增大,它的压强就减小。
四、大气压强的应用	教师揭秘"神奇"的酒壶。 你知道大气压强在生产生活中有哪些应用? 教师演示活塞式抽水机和离心式水泵。	学生观察、思考。 理解活塞式抽水机和离心式水泵的工作过程。

【板书设计】

一、大气压强

1.定义：在大气内部的各个位置也存在着压强，这个压强叫作大气压强，简称大气压。

2.原因：大气受重力且具有流动性

3.证明实验：马德堡半球实验

二、大气压强的测量

1.测量实验：托里拆利实验

2.$P=1.01\times10^5Pa$

三、大气压强的变化

1. 大气压强随高度的增加而减小。

2. 气体体积与压强的关系：在温度不变的条件下，一定质量的气体，体积减小，它的压强就增大，体积增大，它的压强就减小。

四、大气压强的应用

活塞式抽水机和离心式水泵

※本文作者系中学物理二级教师，总务处干事。

重获淳朴情怀和感恩之心

——记"关心关爱残疾人主题班会"/马　玲

社会的发展和错综复杂的各种价值观让很多孩子失去了怜悯之心，学生失去了凝望世界的明眸，失去了追求理想的冲动，失去了淳朴的情怀和感恩之心。当创建全国文明城市成为众愿，"文明没有旁观者，你我都是践行人"的呼声深入人心时，每个孩子都似乎进行了心灵的洗礼。学校的德育工作在很多时候缺乏让学生实践的机会，每周的主题班会更多的时候是让学生被动地接受，然而，让学生亲身感受后的德育，会让他们终生难忘，永存心中。本文以"关心关爱残疾人主题班会"的设计和实施效果浅谈实践对学生的影响。

一、时间

2016年12月16号

二、参与人员

七二班全体学生和学校的班主任

三、主题班会前的准备

主持人：冯晓晓、万志帆

歌曲：《让世界充满爱》

空竹：20个

小丝巾：两条

材料：与残疾人有关的图片

四、实施过程

1.设置情景

设计：同学们，你喜欢听音乐吗？音乐带给我们无限精彩，它让我们的生活五彩斑斓，下面这首歌曲，大家猜猜是什么名字？（播放歌曲，但是没有声音，约30秒钟）

下面，请同学们闭上眼睛，我们一起来欣赏歌曲，有请三名同学把这首歌的前五句歌词写在黑板上。

目的：让同学们感受失聪、失明人的生活。

效果：（1）播放没有声音的音乐时，有些同学伸着脖子，眼睛睁得很大，露出仔细倾听的神情，约几秒钟后，很多同学看着播放音乐的主持人，后来低下头，若有所思，还有的同学面面相觑。无声的世界让学生们顿时不知所措。

（2）平时写字是一件很容易的事情，当闭起眼睛写时，只见黑板上的字歪七扭八，在黑板上写字的同学不好意思地回到了座位。此时，大部分同学已经明白了此次班会的主题。

2.这仅仅是游戏吗？

设计：

活动一：课前将学生分成两组，将20个空竹（视为障碍物）散落在地上，用小丝巾蒙住学生的眼睛，在教室的前方放置两张桌子，上面放置两个物品，取到物品后，学生单脚跳回起点即为胜利。

活动二：单手系鞋带。从两组中挑出有鞋带的同学，右手放在腰后，左手系鞋带，先完成的学生即为胜利。

活动三："我来笔画，你来猜"。手语表达提示板上的话语。一人假装为哑巴，其余的同学猜测要表达的意思。主要对话是："谢谢""对不起""请问东方红广场怎么走""请问最近的卫生间怎么走""请问附近有银行吗"

“请问人民医院在哪里?”

目的：让学生体验失明、肢体残疾和哑巴人群的生活。

效果：(1）游戏后，有的学生说，当眼睛被蒙上时，眼前一片黑暗，忽然感受到了巨大的恐惧，走路由不得自己，磕磕碰碰，很艰难，当取下丝巾时，感受到了莫大的欢喜。有的学生说，单腿跳回起点时，短短一段距离，感受到了单腿走路的艰难，觉得自己四肢健全非常幸运。

(2）单手系鞋带时，最快完成任务的学生用时5分钟，而在平时，这个任务半分钟内就能完成，学生们体会到了做事的艰辛。

(3）用手语表达自己的时候，一句简单的话语，尤其是比较长的句子，演示的学生急得满头大汗，观看的学生猜错了又赶紧想其他的表达方式。

3.残疾人是生活中的弱者吗?

设计：在大屏幕上展示八幅图。

(1）最美舞者：邰丽华

(2）天文物理学家、宇宙学家：史蒂芬·霍金

(3）青年楷模、作家：张海迪

(4）阿炳的作品：《二泉映月》

(5）享誉世界的作家和演说家：海伦·凯勒

(6）无脚飞将军：马列西耶夫

(7）不朽的聋人发明家：爱迪生

(8）聋人手语主持人：姜馨田

让学生讲一讲屏幕中人物的事迹，如果不认识，请主持人讲一讲他们的故事。

目的：改变学生心中的“残疾人无用论”的想法，让学生从心里面尊重残疾人。

效果：展示图片的时候，学生认识国内的著名残疾人，并能简单说出他们的故事，学生不太了解姜馨田，但还是惊叹她的才能。马列西耶夫顽强地用假肢驾驶飞机的故事让学生惊叹不已。

4.回归生活：

(1）我们为残疾人做了什么?

设计：图片会“说话”。

图片一：盲道

图片二：残疾人优先窗口

图片三：人民币上的盲点

图片四：全国助残日

(2) 我们还能为残疾人做什么？请大家集思广益，小组讨论分享结果。

倡议：尊重折翼的天使，帮助他们，共建美好家园。齐唱《让世界充满爱》。

目的：鼓励学生从现实生活出发，为残疾人做力所能及的事情。让学生们动动脑筋，从生活中为残疾人做一些事情。

效果：学生们不再对残疾人指指点点，不再讥笑他们。可以当志愿者，给他们带来快乐。和他们一起玩耍。在路上或者生活中遇见了他们需要帮助时，助他们一臂之力。

主题班会跟学生的生活息息相关，是学生的世界观、人生观和价值观建立的小窗口。实践后自己的所得会深入学生的灵魂。正如新教育所说：寻找幸福完整的生活，促进学生全面成长。

❀ 本文作者系中学英语二级教师，现任七年级二班班主任。

浅谈有效教学中的教学策略应用

——以一节写作课为例 / 王文英

课堂是教师“传道、授业、解惑”的主阵地，是教师将先进的教育理念、教育思想乃至自己独到的教育见解付诸实践的主渠道，课堂的主要任务就是培养和提升学生多方面的能力。那么，如何做到有效教学呢？下面，我以一节写作课为例，谈谈我在有效教学中所应用的教学策略。

【课题】

Unit 6　I'm going to study computer science

Section A 3a-3c

【课型】

Reading & Writing

【教学目标】

一、知识与技能

1. 学会正确使用本节课的单词与词组。

2. 学会写新年决心。

3. 掌握书面表达语篇结构的组织技巧 。

二、过程与方法

1. 学会使用常用的连接词、过渡词和过渡句，提高文章的连贯性。

2. 培养学生在有限的时间内快速构思、罗列提纲的能力。

3. 指导学生小组合作评改学生习作，培养学生的集体意识。

三、重点

1. 正确使用目标语言写作。

2. 帮助学生学会使用常用的连接词、过渡词和过渡句，提高文章的连贯性。

四、难点

培养学生在有限的时间内快速构思、罗列提纲及扩展成文的能力。

教法学法：情境法、任务教学法、多媒体辅助教学法、小组合作学习法。

【教学过程】

Step Ⅰ: Lead in

T: Good afternoon everyone! What´s the date today?

Ss: It´s Nov. 12 th.

T: Yes, and do you know when the New Year is?

Ss: Yes. It´s on Jan. 1 st.

T: Yeah, New Year is coming, do you have any New Year´s resolutions?

Ss: Yes, I do.

T: So what´s your resolution? What are you going to do next year?

S1: ......

S2: ......

S3: ......

……

分析：创设情境，营造利于语言能力发展的教学环境是有效教学的一种重要策略。只有在课堂创设精当的教学情景中，才会使学生发现学习的乐趣，激发学生的学习兴趣，让学生在情境中有效地培养自己的思维能力和认识能力。教育家苏霍姆林斯基说过："有意义的情境创设，是学生始终以积极态度参与的无形动力。"因此，教师必须注重情境的创设与应用。我在导入这一环节时就创设了"New Year is coming, do you have any New Year´s resolutions?""So what´s your resolution? What are you going to do next year?"这个情境，深深吸引了学生，激发学生的思考，鼓励学生回答问题，准确引入正题，并把新年的决心贯穿于整个教学过程，这有利于后续教学环节和步骤的开展。由此可见，情境的创设要以学生熟悉的、感兴趣的事物为载体，立足生活，反映生活，与生活紧密联系，为生活服务，做到简洁、精当、有效，真正实现有效教学。

Step Ⅱ: Presentation

1. Self-learning

Task1: Discuss or use the dictionary to find out the meanings of the following phrases.（讨论或查字典搞清楚以下词组的意思）

promises to yourself

make you a better person

make your life easier

make resolutions

personal improvement

a new hobby

make my family happy

Check the answers and lead students to read the phrases.

Task2: Complete the first two paragraphs about resolutions with the words in the box.（用方框中所给词填空，完成以下短文）

take listen make is help learn are

Resolutions_____ promises to yourself. They may______ to make you a better person and to make your life easier. I′m going to ______ four resolutions.

The first resolution is about my own personal improvement. Next year, or maybe sooner, I am going to ______ up a new hobby. I think singing ______ a great activity so I am going to ______ to sing. I think this will make my family happy because they love to ______ to music and sing together.

Check the answers and ask: How many resolutions are mentioned in the passage?

Ss: Four resolutions.

T: What′s the first resolution about?

Ss: It′s about my personal self-improvement.

T: So what about the other three resolutions? Please read the information in 3b and answer me.

分析：设置多样化的任务，提高学生课堂参与度。在设置学习任务时，巧妙注意任务的序列性，任务由易到难，符合学生的实际情况和发展规律。让学生在教学活动中参与和完成真实的生活任务，从而培养学生运用英语的能力。在教学过程中，坚持“以人为本”，关注每位学生的情感与发展，把说的机会留给学生，把思考的时间还给学生，把做的权利交给学生。在本环节中，我设置了两个学习任务，第一个任务相对较容易，适合大部分学生的实际情况。通过学习以上词组，学生能够将全文的意思梳理清楚，为第二个任务的完成做好铺垫。第二个任务需要学生填空，这就要求学生有把握全篇内容的意识。在完成这个任务后，老师抛出“What´s the first resolution about?”和“ So what about the other three resolutions?”两个问题，自然过渡到下一环节。

2. Teaching

（1）Ask the other three resolutions. （Write on the blackboard）

（2）Have a discussion about the other three resolutions. And then have student speak out. The teacher writes the phrases on the blackboard, like get more exercise.

（3）Lead students to say some sentences.

E.g. The second resolution is about improving my physical health. So I´m going to eat more healthy food and less junk food. I´m going to get more exercise and I´m going to sleep well. If I do these things well, I will improve my physical health.

（4）Have students practice the sentences.

（5）Conduct students to write the sentences down. Ask one student to write them on the blackboard.

（6）Correct the mistakes.

分析：多媒体使用要适度。随着现代科技的发展，多媒体越来越多地被应用到英语课教学中，如白板、PPT课件等。这样具有直观性、形象性的教学手段让学生如临其境、如闻其声，当然也激发了他们学习的兴趣和求知欲，但过度地使用多媒体会使学生常常关注眼花缭乱的课件，忽视了本来应该关注的知识，从而降低了教学效果。因此，在本环节的教学中，我注重发挥黑板、粉笔等传统教学媒介在教学中的独特作用。我边讲解边示范发音边板书，这样一方面便于学生做笔记，将这些短语记在书本上，为下一步写作的直接应用做好铺垫，另一方面便于学生对知识的复习和巩固。本环节是本节写作课的重点环节，只有反复地练习词组和句式，才能够使写作变得轻松容易。所以，教师在进行教学设计时，应该做到多媒体与传统教学媒介的有机结合，使重点内容始终呈现在黑板上，以提升教学的有效性。

3. Practice

Four or six students a group, ask and answer. And then make a report:

A： What are you going to do next year?

B： I′m going to...

For example: Next year, A is going to learn to play the piano. He is going to take piano lessons. B is going to get better grades. He is going to study really hard. C... And I...Although we have different resolutions, we will try our best.

分析：及时巩固练习与反馈。一堂好课，不仅要有好的开端，还要有耐人寻味的结尾，在实际教学中，大多数教师往往会忽略新课后的“巩固练习”的设计。巩固练习，就是为了完成《大纲》的要求而设计的课堂练习，在英语教学活动中，课堂练习是学生进行学习的最基本的活动形式，是全面完成英语教学任务所必不可少的重要手段，它将直接影响英语教学的成效。因此，只有准确认识练习的功用，把握练习设计的原则，精心设计课堂练习，做到有的放矢，才能提高课堂效率。在本环节中，我从教材内容和学生的实际情况出发，将练习由基本到变式、由低级到高级的顺序做安排，让每一位学生都能够开口说话，在自己原有的认知水平上有所提高，从而感受到成功的喜悦。练测中，四人或六人一组进行问答练习，最后写一个report，进行呈现。通过分组口头练习，能够加强学生写作能力，也能够将本节课所学结构与句式进行应用，达到学以致用的效果。教师抓住时机，对学生的练习进行反馈，使正确的知识得到强化、错误的知识得到纠正，提高了40分钟的课堂利用率。

Step Ⅲ: Homework

Write a passage about what you are going to do for our class.

分析：感情升华很重要。在做完本节课的练测后，通过学生反馈回来的对本节课知识的掌握情况布置作业。因大多数学生都已掌握本节课的教学内容，教学目标完成情况良好，因此在此时对本节课内容进行升华，对学生进行情感教育：新的一年里，同学们打算为我们的班级做些什么呢？通过学生的思考，可以增强他们的集体意识。

【课后反思】

本节课主要话题是将自己的决心写下来。教学内容大多以学生读写为主。我针对课文内容做如下的安排：(1) 学生自学完成两个任务；(2) 教师讲解第三部分，学生讨论有用的词组，我将学生讨论所得词组板书在黑板上，然后指导学生说句子；(3) 学生练习说句子；(4) 学生自己动手将口头练习的句子写在课本上。

在本课中，我采用了“任务型”的教学途径。在热身复习之后，我交代了本课的学习任务，请同学们问自己的好朋友新年的决心是什么。这种活动的设计也正是《新课标》中所倡导的：教师应依据课程的总体目标并结合教学内容，创造性地设计贴近学生实际的教学活动，吸引和组织他们积极参与。学生可以通过思考、交流和合作等方式，更好地学习和使用英语，完成学习任务。在采用“任务型”的教学途径的过程中，也有许多环节还需要我在今后的教学中进一步完善，如活动不应该仅限于课堂教学，而应该延伸到课堂之外的学习和生活中，鼓励学生平日里多说英语，让学生做到“活学活用、学以致用”，更好地突出语言教学的语用性和交际性。

❀ 本文作者系中学英语二级教师。

《西亚》教学案例 / 李　博

一、教材分析

本节教材对应的《地理课程标准》要求是：(1) 学会运用地图说明西亚地理位置重要性。(2) 了解西亚干旱的自然环境特征及对农牧业生产的影响。本节教材是区域地理了解地区的第三节，在了解地区部分起着承上启下的作用。本节教材第一课时内容由两部分组成。第一部分是五海三洲之地，主要描述西亚的地理位置。第二部分是干旱环境中的农牧业，描述西亚干旱的自然环境对农牧业的影响。西亚的地理位置与其气候有密切的联系，教材这样设计，使知识过渡自然，符合初中学生的认识规律，便于理解。

二、学情分析

学生在本节课之前已经学习了东南亚、南亚两个地区，已初步掌握了区域地理了解地区的学习方法，目前需要引导他们运用所学的知识、方法来学习西亚地区。七年级学生思维活跃、求知欲强、好奇心强，乐于接受有趣的内容。根据本课的特色，结合学生已有的知识，让学生自主学习、互助学习、组内讨论合作，使每个学生都参与到课堂教学中，以学生为中心，实现教学目标。

三、教学目标

1.学会运用地图分析说明西亚位置的重要性。

2.了解西亚的主要国家，认识五海（地中海、黑海、里海、红海、阿拉伯海）、土耳其海峡、苏伊士运河、霍尔木兹海峡等的关系。

3.分析西亚的气候特征，了解西亚干旱的环境对于农牧业的影响，了解以色列节水农业。

四、重点与难点

重点、难点是通过分析地图掌握西亚重要的地理位置以及西亚重要的贸易通道。

五、教学方法

依据《地理课程标准》，结合教材分析和学情分析，确定出本节内容的教学方法主要有创设情境法、读图分析法、合作探究法等。

六、教学过程

（一）图片导入

以图片呈现西亚地区：迪拜的世界第一高楼——迪拜哈利法塔、阿拉伯富人生活——饲养狮子当宠物、叙利亚遇难的小难民——叙利亚3岁小难民伏尸欧洲海滩、叙利亚恐怖袭击惨状等。新闻中强烈的反差画面，引起学生的认知兴趣，引入世界的热点地区——西亚（呈现四副有关西亚的新闻封面）。

（二）讲授新课

1.五海三洲之地

首先，自主学习，读西亚政区图。

（1）找出叙利亚、伊拉克、伊朗、阿富汗、沙特阿拉伯、土耳其等国。

（2）其中中国的邻国是哪国？ 阿富汗

（3）地跨两个大洲的国家是哪国？ 土耳其

其次，呈现西亚与中东的范围图，对比西亚与中东的不同。

西亚=中东-埃及-土耳其欧洲部分+阿富汗

再次，呈现西亚战争图片，西亚历次战争统计：

1948—1982年，五次中东战争。

1980—1988年，两伊战争。

1990年，伊拉克入侵科威特。

1991年，美国军事打击伊拉克。

1998年，美、英再次轰炸伊拉克。

2001年，美国发动阿富汗战争。

2003年，美、英发动伊拉克战争。

2006年，以色列入侵黎巴嫩。

2011年至今，叙利亚战争，俄、美、土等多国出兵干预。

思考：西亚长期战争、冲突不断的原因？（学生回答）

自学任务1：读西亚政区图，描述西亚的海陆位置。

小结：西亚的海陆位置是西亚位于亚洲西南部，地处亚欧非三洲的交接处，周围有红海、地中海、黑海、里海、阿拉伯海五个海。

探究活动1：结合地图和课文，小组合作分析西亚海陆位置重要的证据。

西亚位置十分重要：（1）学生找出西亚控制三个重要海运通道，即苏伊士运河、土耳其海峡、霍尔木兹海峡。（2）西亚自古是东西方交流的必经之地，如古丝绸之路经过西亚。（3）西亚是现代海陆空交通要道，欧亚非三大洲交接处，一带一路必经之地。

自学任务2：读西亚政区图，描述西亚的纬度位置。

纬度位置：西亚大部地处15°N～45°N，中低纬度，北回归线穿过西亚中南部。

2.干旱环境中的农牧业

承接过渡：西亚被北回归线穿过，又地处大陆西部，其环境如何？降水多还是少？学生思考回答，课件呈现西亚沙漠广布、环境干旱的景观。

以图片呈现西亚的屋顶旅馆、西亚的传统交通工具骆驼等，说明西亚降水少。

自学任务3：读图，找出西亚主要气候类型，判断气候特征。（课件呈现西亚的气候分布图、主要气候类型直方图）

（1）西亚以热带沙漠气候和温带大陆性气候为主。

（2）西亚气候炎热干燥，沙漠面积广大。

探究活动2：读图，结合课文，讨论西亚缺水的严重程度，讨论水资源短缺是不是引发冲突的原因之一。

小结：西亚地区降水稀少，部分地区数年滴水不下，沙漠广布，阿拉伯半岛没有成规模的河流。西亚主要河流流经多个缺水国家，极易因水资源分配引发冲突。

思考：如此干旱缺水的环境，西亚的人们如何生存和发展？

学生回答：发展畜牧业和灌溉农业。

自学任务4：读图，结合课文，找出西亚特色农牧业产品及分布。（课件呈现西亚畜牧业和灌溉农业分布图）

（1）畜牧业是西亚许多国家传统的经济部门。

（2）西亚灌溉农业分布——河谷平原和沙漠中的绿洲。

阅读：以色列的节水农业，分析干旱环境对农牧业的影响。

以色列一半以上的地区年降水量不足150 mm，人年均水资源仅370 m^3，是我国人年均量的1/7。在淡水资源严重缺乏的条件下，以色列积极发展节水农业，获得了巨大的成功。其农业节水技术主要有以下两点：一是大力推广节水灌溉技术，广泛应用喷灌和滴灌技术，提高农业灌溉水的利用率。二是充分开发水源，利用微咸水和废水灌溉。目前，以色列的灌溉技术和设备已出口到很多国家。

思考：甘肃也面临水资源短缺的问题，以色列节水农业对我们有什么启示？（学生小组讨论，自主回答）

节水农业是我国农业发展的必由之路，特别是在甘肃等缺水省份。我们应从自身做起，注意节约用水，珍惜水资源。

探究活动3：西亚许多国家水比油贵，部分西亚国家把水视为最重要的战略资源，大力实施节水农业，节约用水，严惩浪费淡水，但水资源依然十分短缺，请同学们分组讨论，还有什么方法可以帮助西亚国家缓解淡水资源不足的问题。

学生小组合作，提出可行的建议：

（1）合理开发利用地下水；

（2）海水淡化；

（3）跨流域调水；

（4）种植耐旱作物；

（5）进口淡水资源；

（6）去南极运冰川；

（7）从空气中提取淡水；

（8）……

七、课堂小结和练习

1.课堂小结

本节课探究西亚成为世界热点地区的原因是：西亚地理位置重要，水资源短缺。

2.课堂练习

读下图，完成问题。

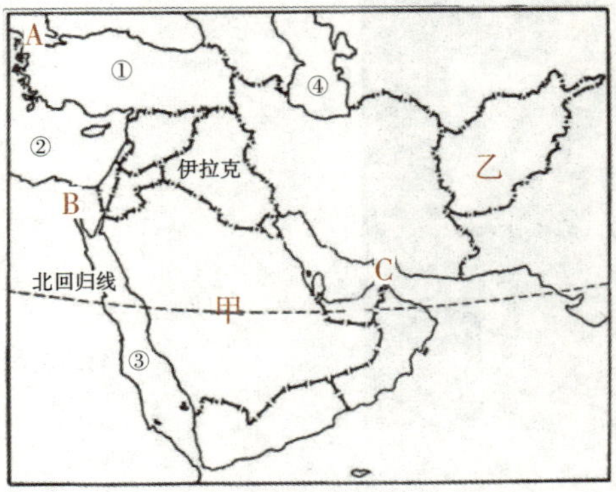

（1）填出图中字母代表的重要海运通道名称：

A.________　　B.________　　C.________

并分别说出其沟通的海洋。

（2）填出图中数字代表的地理事物：

①________　②________　③________　④________

八、课堂教学反思

本节课遵循课前启发、课内探究、课后练习的教学流程，注重创设情景，让学生在恰当的情境中讨论分析问题，利用地图和相关的图片、材料，引导学生解决问题，通过小组讨论探究，使学生的合作探究能力得到锻炼。从课堂问答的情况来看，大部分学生能完成自学探究学习任务，对于知识的掌握效果良好。

新教育要求提高课堂效率，充分发挥学生的自主性，注重探究和讨论。本节课在教学设计时，充分重视了学习情境的创设，但是对于学生在探究和讨论中可能产生的问题与困难则考虑不周。在今后的教学实践中，要注重学情的把握，多学习新教育的相关理论，将理想课堂的理念在教学中践行，努力创设完美地理课堂。

❀ 本文作者系中学地理二级教师，现任九年级五班班主任。

《空气中氧气含量的测定》教学案例分析 / 张菊花

随着新教育实验的不断实施及在全国的深入推广，我校被兰州市城关区教育局确定为新教育实验的试点学校，学校组织教师学习了朱永新老师的《新教育》。

新教育强调“过一种幸福完整的教育生活”，而基本方法是它所倡导的“十大行动”：营造书香校园、师生共写随笔、聆听窗外声音、培养卓越口才、构筑理想课堂、建设数码社区、推进每月一事、缔造完美教室、研发卓越课程、家校合作共建。

我作为一名青年教师，于2014年8月参加工作，至2017年6月进行了三年初中化学的教学工作，因为没有带班，所以我认为在这“十大行动”中，我能尽心尽力做的就是“构筑理想课堂”这一行动。

新教育实验构筑理想课堂项目研究认为，课堂可以从教学活动基本框架的落实、知识理解抵达的深度、主客体之间及主体间的对话质量这三个层次来考察其成败；这三个层次上的优化，可以谓之理想课堂的三重境界。第一重境界：落实有效教学框架——为课堂奠定一个坚实的基础。第二重境界：发掘知识这一伟大事物内在的魅力。第三重境界：知识、社会生活与师生生命的深刻共鸣。

基于此，自我校成为新教育的试点学校开始，我就努力学习与新教育相关的书籍，不断充实自己的理论知识，并在课堂教学中进行了一些实践，也得到了一些收获。

一、做法

我以一次教学作为案例进行阐述，这次教学是2017年9月我第四年带初三化学时进行的一次平常的教学，内容是人教版化学上册第二单元课题2《空气》这节的第一课时——空气中氧气含量的测定。

随着新课程改革的进行，初中化学课程中新增了实验的内容，加大了学生探究活动的内容。教学活动应体现"以学生为本"的理念，学生是学习的主体，教师只是学生学习的引路人，学生通过自己的探索和实践去发现、获得知识，远比通过教师的讲授而了解知识要理解得深刻、有效。本节课以"实验探究"为主，通过创设问题情景、实验探究、总结归纳、拓展运用等环节，让学生尽可能多地参与到知识产生、发展的过程中来，从而变被动学习为主动学习，学习科学研究的方法，培养学生的科学素养。

【片段1】创设情境，导入新课

猜谜语："看不见，摸不着，没有颜色没味道，你的身边常围绕。"由此引出本节课的主题——空气。对学生进行"头脑风暴"：你对空气知道多少？请尽可能多地提出有关空气的问题。

学生1：空气中有哪些成分？

学生2：空气中各成分的含量是多少？

学生3：空气中有氧气，含量是多少？能不能在课堂上进行实验来测定？

……

分析：新教育"构筑理想课堂"中就指出要创设平等、民主、和谐的课堂氛围，把学生的生活体验与文化知识有机结合起来，所以本节课以与空气有关的一则谜语导入，既创设了和谐的课堂氛围，又迅速拉近了学生与本节课所学内容的距离，增加了学生与课堂所学知识的亲近感。通过"头脑风暴"，让学生自己提问题，从而生成问题，甄选有研究价值的问题，这样就把学生的被动学习变为了主动学习。

【片段2】引入"新"实验，帮助学生理解"压强差"的产生

对于拉瓦锡实验的处理，本节课还是采取了教师讲解的方法，但是根据以往经验，大部分学生还是不能理解"水上升"的原理，所以在本节课中，我用了一个"新"的装置（如图1），让一名学生吸气，其余学生观察现象。

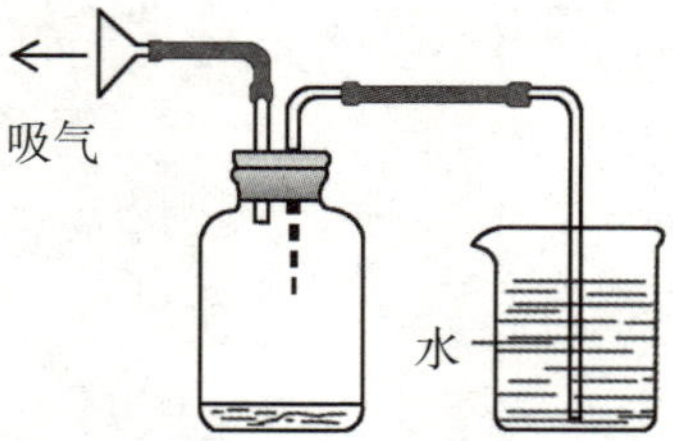

图1

分析：这个"新"实验也是本节课比较成功的一点，帮助所有同学理解了在拉瓦锡实验中"压强差"是如何产生的，也能让学生更好地理解测定空气中氧气含量的实验中水进入集气瓶的原因。所以在平时的教学中，教师备课时要多看、多学、多想、多反思、多创新。

【片段3】实验探究，学习新知

对于教师自己做实验的视频，学生观看完之后进行小组实验。实验共6个小组，每组8名学生，第1、2、3小组的装置如图2，第4、5小组的装置如图3，第6小组的装置如图4。实验的结果：第1小组、第2小组、第5小组、第6小组的水进入约1/5，第1小组的失败（水基本没有进入集气瓶），第4小组的水进入的比1/5明显要少，第3小组的水进入的比1/5要多。

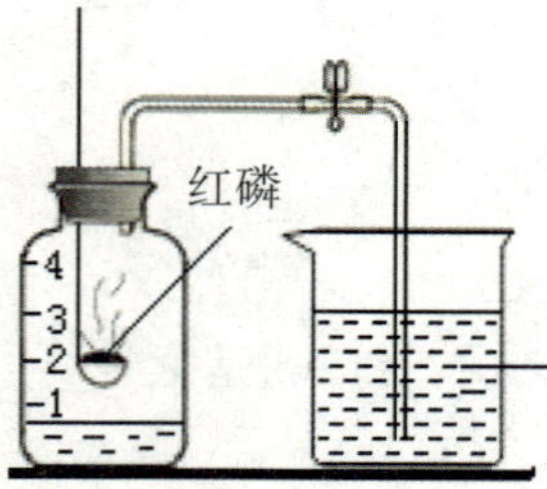

图2

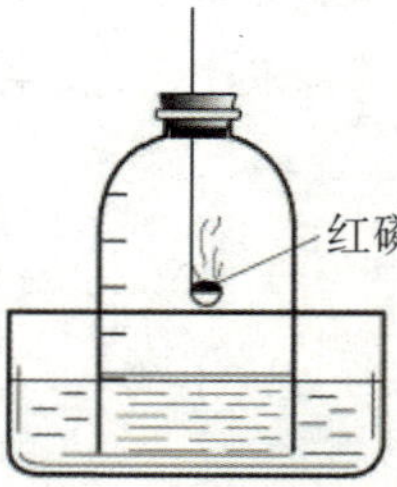

图3

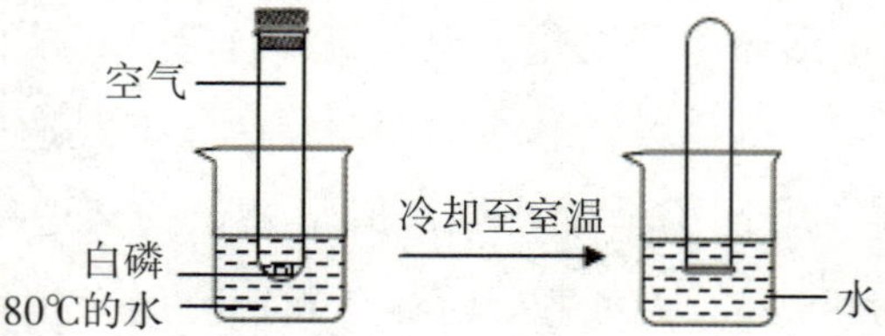

图4

分析：实验结束后让学生小组讨论，重点分析第1、3、4小组失败的原因，引导学生从药品用量、燃烧放热对瓶内压强的影响、装置气密性等方面分析失败的原因，并对装置进行改进，既培养了学生尊重客观事实的科学态度，又提高了学生探究问题、设计实验的能力，体现了在教学过程中，教师和学生共同成长的新理念。面对因为失误而造成实验失败的学生，我没有批评和否定，而是因势利导，引导学生自己回答出错误的原因，并给予鼓励，增强了实验失败学生的积极性。然后又让学生小组讨论比较了图4装置较图2、图3装置的优点，学生积极表达各自的看法。这些做法都体现了学生是课堂的主人，学生参与课堂学习、参与实验与探究的新理念。

【片段4】拓展运用，思维升华

探究实验完成之后，进一步进行思维升华，让学生讨论：探究空气中氧气含量的实验，选择药品的条件是什么？经过讨论，在教师的引导下，学生和教师共同总结归纳出：（1）药品能在空气中燃烧，燃烧时只消耗氧气，不与空气中的其他物质反应；（2）药品在空气中燃烧后的生成物不能是气体(若生成物为气体，可将水换成易吸收该气体的液体)。

分析：新教育认为，儿童的学习不应该只是“为将来的工作与生活做准备”，教育本该是生活的基本方式，儿童今天在学校里所接受的教育，在为长远的人生与社会理想服务的同时，本身就应该是幸福的生活。本节课中，学生都是积极主动地学习，学生的心情是愉悦的，这一点与新教育的理念是相吻合的。

理想的课堂应该是激情飞扬的课堂；理想的课堂应该是充满尊重与赏识的课堂；理想的课堂应该是生成的课堂。上完一堂课后，教师感觉特别舒心，学生特别愉悦，那么这一堂课就是理想课堂！

二、反思

本节课中也存在着不足之处，以往在做该实验时，水进入的比1/5多的情况未出现过，但是在本节课中其中的一个小组就出现了这种情况，以至于在后来的分析中，很多学生都无法分析该现象产生的原因，但是经过教师的引导，一部分学生也分析出原因并能够叙述清楚。所以我也进行了反思：教师应充分考虑课堂中可能出现的种种情况，甚至还应该补充其他学科的相关知识，比如说本节课中与物理相关的压强这部分的知识，只有这样才能做到处变不惊、得心应手。

新教育人希望通过努力，能够实现人的“全面和谐的成长”，能够让每个受教育者获得成功的智力、整合的智慧、高尚的德行、丰富的情感。这些都是我今后努力的方向，我会继续学习相关理论知识，不断充实自己，并在自己的教育教学中不断实践，争取成为一名优秀的新教育人。

引用：朱永新：《新教育》，漓江出版社，2014年版。

❀ 本文作者系中学化学二级教师，办公室干事。

《辽、西夏与北宋并立》教学案例 / 辛晓萍

一、新设计

通过情景演绎的方式，将学生带入当时的情境来思考问题，他们能够站在对立的角度，如澶州之战迁都还是作战？他们会同时考虑这两种方案的合理性，并分析其利弊，更加全面、科学地理解问题。

除此之外，我还采取了对比的方式，让学生在合作探究中对比出两次和议的相同点与不同点，更具体地理解这两次和议。

二、教学目标

1. 知识与能力：知道辽、宋、西夏是三个并立的政权，了解耶律阿保机、赵匡胤和元昊三位杰出政治家的主要功绩；了解宋辽、宋夏和议的影响，并尝试对两次和议做出客观评价；在学习关于“宋夏议和”的内容时，提高发现问题和解决问题的能力。

2. 过程与方法：通过设计“辽、西夏、北宋建立简表”，学习采用表格方式表述历史知识的方法，增强采用多种方式表达观点的能力，并培养团结合作的精神；通过比较辽、西夏两个少数民族政权建立、与宋的关系以及汉化的过程，培养归纳和比较能力，了解民族大融合的历史必然；通过思考课堂讨论题和“材料阅读”题，提高从材料中获取有效信息的能力。

3.情感态度与价值观：辽、西夏这两个少数民族与宋的关系有战有和，和是民族关系的主流。契丹族、党项族与汉族的密切交往，对奠定祖国的辽阔疆域，开发边疆地区，促进社会的进步，都做出了巨大的贡献。中华民族具有极大的凝聚力，中华民族的历史是各民族人民共同创造的，各族人民都为中华民族的发展做了积极的贡献。

三、学情目标

1.经过一个半学期的历史课学习，七年级的学生已具备了初步的收集信息的能力，能够通过网络、书籍等多种途径收集相关的史料，并通过资料整理掌握重要史实，形成初步的价值判断。

2.学生对陈桥兵变、杯酒释兵权、杨家将、寇准等故事和人物有所了解，是本课教学的兴趣和感知基础，但要注意正确识别世俗故事与历史真实之间的区别。

3.在民族关系的认识上，学生的感性认识大于理性认识，对古代各民族之间的和战以及不同文化之间的暴力冲撞与和平交流的认识相对肤浅，需要正确引导，形成正确的情感态度和价值判断。

四、重点难点

1.重点：辽、宋、西夏政权的并立；宋与辽、西夏的战争与和议；辽夏汉化和民族融合。

2.难点：正确认识宋辽、宋夏战争的性质，议和的积极作用；认识到中华民族大融合的历史必然。

五、教学过程

1.导入

图片导入：《天龙八部》三位男主人公——乔峰、段誉、虚竹。

提问：三张图片中的人物出自哪部电视剧？这三位男主人公分别与当时的哪几个政权有关？

（乔峰——辽；段誉——大理；虚竹——北宋与西夏）

今天我们一起学习辽、西夏、北宋等政权并立的时代。

2.新课教学

（1）辽、北宋、西夏的建立

唐朝于907年灭亡，中国历史进入五代十国时期。所谓五代，指中原地区相继出现五个短命王朝，即梁、唐、晋、汉、周，由于这些国名曾经在历史上出现过，因此，在前面加了后，以做区分。而十国是指，五代宋初之际，南方出现的十个割据政权，即吴、南唐、吴越、楚、闵、前蜀、后蜀、南汉、南平、北汉。后周时期，统一趋势加强。后周大将赵匡胤发动陈桥兵变，夺取政权，建立北宋。960年，赵匡胤建立北宋，定都汴京。

提问：哪位同学叙述陈桥兵变的故事？

《辽、西夏、北宋并立图》：与五代十国地图比较，北宋已经统一了中原及南方地区，但北宋并没有统一全国，与之并立的还有辽与西夏。

自学目标：穿越时空，查证史实。

速读课本第54页到第55页内容，设计一张辽、北宋、西夏建立简表（建立时间、建立者、建立民族、都城）。

（2）辽与北宋的关系

过渡：这三个政权之间的关系如何呢？应该如何看待三者之间的关系？我们先来了解宋辽之间的关系。

《幽云十六州》地图：宋、辽之间一直有一个敏感的问题，即幽云十六州。五代十国时期，辽在帮助后晋推翻后唐时，从后晋皇帝石敬瑭手中夺取了幽云十六州。

提问与回答：①大家观察图中幽云十六州的北部边界是什么？②修建长城的目的是什么？（抵御少数民族入侵）③现在长城被辽夺取了，对中原地区会有什么影响？（中原失去屏障，会变得非常危险）

因此，北宋建立之初，为夺取幽云十六州发动了几次北伐，采取了积极性进攻的策略，杨家将的故事就发生在此时。但几次北伐失败，北宋统治者转为消极防御、“守内虚外”的政策。

什么是“守内虚外”？

将大量兵力驻扎在京师，而将少量兵力驻扎在边境。导致辽军南下进攻的势头更足，多次发动战争。

澶渊之盟：

1004年，辽军大举进入北宋，到达澶州城，直逼东京。消息传来，北宋君臣惊慌失措，很多人主张迁都，而宰相寇准力排众议，坚决要求宋真宗亲征。假设：你是宋真宗，你将如何选择？为什么？

迫于形势，宋真宗勉强北上，宋军士气大振，大败辽军。辽主动提出议和。假设：你是宋真宗，你将如何选择？为什么？分组讨论。

议和可以带来暂时的和平，作战可以彻底打退辽军。宋真宗的选择是什么？

材料一：从宋真宗到宋仁宗的几十年间，农民的各种赋役负担都以直线上升的速度增加，举例如下：

项目	商税	酒税	盐税	总计
景德年间	450万(贯)	428万(贯)	355万(贯)	1233万(贯)
庆历年间	1975万(贯)	1710万(贯)	715万(贯)	4400万(贯)

材料二：宋、辽之间百余年间不再有大规模的战事。礼尚往来，双方互使共达380次之多，辽朝边地发生饥荒，宋朝也会派人在边境赈济，宋真宗崩逝消息传来，辽圣宗“集蕃汉大臣举哀，后妃以下皆为沾涕”。

分析影响：加重了北宋百姓的负担；宋、辽之间保持了相当一段时间的和平，促进了双方的经济恢复与发展，也促进了双方关系的发展。

问题：澶州之战究竟是谁赢了？原因是什么？（北宋赢、辽赢、双赢、各有利弊）

（3）西夏与辽的关系

过渡：在辽与北宋和战期间，西夏与北宋王朝之间也是战争不断。我们来简单了解一下，看他们之间的关系是否与宋、辽之间的关系一致。

合作探究：请同学们比较“宋夏和议”与“澶渊之盟”有哪些相似之处。

提问：①辽与西夏的货币样式是什么？（圆形方孔钱）

②这说明辽与西夏在哪个方面仿效北宋？（经济制度方面）

③继续观察，西夏与辽的货币上的文字是什么？（汉字）

④这说明他们在哪个方面仿效北宋？（文字）

⑤除此之外，辽与西夏仿效中原王朝的表现还有哪些？

⑥阅读57页，说说辽和西夏还在哪些方面效仿中原。（学会农耕；学习汉族的政治制度；模仿汉字创造文字；学习汉人的生活习俗）

⑦过渡：汉族有没有受少数民族的影响？

图片：辽代汉人火葬琉璃棺

苏辙《全辽诗话》：汉人何年被流徙，衣服渐变存语言。

提问：这说明当时生活在辽境的汉族人在什么方面还受到契丹族的影响？（服饰）

总结：以上这些文字和图片说明，不同民族文化之间的交流是相互的，这种交流促进了各民族的共同发展与进步。

3.练习

（1）一起了解了三个不同民族建立起来的政权。他们分别是由哪个民族建立起来的？

契丹族、党项族、汉族。

（2）在今天中国的五十六个民族中，还有契丹族和党项族吗？

契丹族逐渐融入了今天的蒙古族、汉族，而党项族逐渐融入了藏族和汉族。从这里我们可以知道，今天的中华民族是由历史上不同民族发展、汇聚、融合而形成的。这些历史上不同的民族在战与和的交往中相互影响、相互学习，在碰撞中融合，在融合中发展，在发展中进步，共同创造了灿烂的中华文明。

❀本文作者系中学历史二级教师，现任九年级六班班主任。

《汉武帝推进大一统格局》教学设计及反思 / 童雪莲

【教学目的】

1. 知识与能力

了解汉武帝颁布“罢黜百家，独尊儒术”“推恩令”“强化监察制度”的史实，进一步探讨这些措施所起的作用，为正确评价汉武帝做必要的史实积累。思考“推恩令”的巧妙之处，培养学生分析问题的能力。

2. 过程与方法

引导学生学会利用教科书，提取教科书和其他资料中的有效历史信息，在合作学习的基础上了解汉武帝的大一统，初步掌握用比较的方法对比“秦皇汉武”对历史的影响。教师通过多种角度来培养学生的历史唯物主义观点、合作学习的能力，加深对历史知识的了解，并增强历史想象力。

3. 情感态度价值观

使学生了解和认识到汉武帝推行实行“罢黜百家，独尊儒术”的政策，最终使儒家思想成为中国封建社会延续两千多年的思想基础。

【教学重点和难点】

1.重点：通过了解汉武帝推进大一统所采取的措施对汉武帝进行评价。

2.难点：对秦始皇与汉武帝加强中央措施进行比较，对汉武帝推进大一统格局做出认同与评价。

【教学方法】

1.教法：谈话法、讲授法、提问启发法、合作探究法、多媒体教学法、合作活动法。

2.学法：阅读法、观察法、合作讨论法、合作学习法、合作探究法。

【教学工具】

多媒体教学

【板书设计】

罢黜百家，独尊儒术
推恩令 } 推动大一统格局，强化监察制度

【教学过程】

导入新课

师：播放《汉武大帝》主题曲，首先请大家来看一段视频。(播放视频)

好，同学们，大家知道刚才的这首歌曲来自哪部电视连续剧吗？电视剧是从艺术的角度来看汉武帝的，今天我们从历史的角度来看一看汉武帝。今天，我们就来学习第15课 《汉武帝推进大一统格局》。(多媒体展示“汉”字) 同学们认识这个字吗？你知道汉族的来历吗？

生：汉族以前被称为“华夏”族，汉的本意就是银河。楚汉战争时，刘邦被封为汉中王，其率领的军队被称为“汉军”，驻扎在汉中。刘邦建立西汉后，定国号为“汉”。汉朝之人都被称为“汉人”。到“中华民国”时期，“汉人”才正式改称“汉族”。

师：下面我们来回顾一下西汉的建立，西汉建立的时间、建立者、都城分别是什么？

生：公元前202年，刘邦，长安。

师：西汉初年，刚经历过战争，国家贫穷，因此，统治者推行“无为而治，休养生息”政策。从汉高祖到汉景帝几十年休养生息政策的实行，西汉的经济得到恢复和发展，为汉武帝推进大一统格局奠定了雄厚的物质基础。

今天我们来学习第12课《汉武帝推进大一统格局》。（多媒体投射）

讲解新课

师：今天我们从历史的角度来看一看汉武帝。历史上，汉武帝16岁登基，在位54年，他的一生见证了西汉王朝的鼎盛，可是即使他贵为天子，他也和普通人一样，内心里总有着无穷无尽的烦恼！那么，作为天子，他的内心里都有哪些烦恼？他又是如何利用自己的智慧继续推进大一统的格局的呢？接下来，让我们进入汉武帝的内心世界，去探寻他的第一个烦恼。

一、罢黜百家，独尊儒术

师：说起他的第一个烦恼，我们还得从先秦时期谈起。那就是面对诸子百家的思想，汉武帝究竟该采取哪种思想作为自己的统治思想呢？我们回忆一下，秦朝时，采取的是哪一学派的思想？（法家，韩非子）西汉初年，由于刚经历了战争，国家非常贫穷，所以统治者主要采取道家“无为而治”的思想，到了汉武帝时，国力已经非常强盛，又该采取哪种思想作为自己的统治思想呢？好，下面请大家欣赏一个课本剧：

某日，在御书房。（学生角色扮演）

汉武帝：众爱卿，朕今天让你们给寡人出出主意，究竟采用什么思想来统治国家可永葆江山呢？

法家代表：启奏陛下，恕臣直言，用法家的思想治国最好。俗话说，没有规矩不成方圆，现在有些人目无国法，不把皇上放在眼里，整天说三道四，这样下去，对国家不利。制定严厉刑法，对乱说者治罪，看今后谁还敢诽谤皇上？

道家代表：陛下万岁！臣以为法家的建议不可取。俗话说，防民之口甚于防川。商纣王及秦朝的历史就是前车之鉴，用道家思想来治国最好，先帝们一直用道家思想治国，才有今天的成就。既然道家的思想这么好，那就继续采用不动摇。

儒家代表：陛下万岁万岁万万岁！道家思想让人们没有约束，会说三道四。法家思想太残酷，不能体现皇上的爱民之心。用儒家思想治国，既体现皇上的仁慈，又教化了百姓。

董仲舒：启奏陛下，恕臣直言，只要不是在六艺之列的，和孔子那一套儒家思想的人。都不许其发展下去，不允许和儒家思想一起存在。……老百姓也才知道用什么样的方式教育子孙后代。臣以为，要巩固统治，必须推行

"罢黜百家，独尊儒术"的政策。

汉武帝：董爱卿言之有理，即刻拟诏，告示天下——罢黜百家，独尊儒术。

师：从这个课本剧里我们知道，汉武帝采用了谁的建议？他提出了什么建议？

生：儒家学者董仲舒的建议。

师：同学们阅读课本，看看汉武帝是如何"罢黜百家，独尊儒术"的？

生：任用精通儒学的人为官；大力推行儒学教育，设立太学。

师：这样做有什么作用呢？

生：儒家学说被确立为历代王朝的正统思想，在思想文化领域长期居于主导地位，对中华文明产生了深远影响。

师：思想这座火山熄灭了，可是又有一个烦恼摆在了汉武帝的面前，说起他的这个烦恼，我们还得从秦朝谈起。大家还记得秦朝吗？秦朝的第一个皇帝叫什么名字？为什么给自己起名叫秦始皇呢？对，他给自己起名叫始皇，他的儿子叫二世，然后呢，三世、四世，一直到无穷世。可是，我们大家知道，秦王朝并没能像秦始皇所期望的那样"传之万世"，仅仅十几年的工夫就被一个新王朝——汉朝所取代。为了吸取秦朝灭亡的教训，汉高祖刘邦把自己的子弟封到外地去做诸侯王，目的是让他们镇守边疆，保卫天子，可让他万万没有想到的是，被他寄予厚望的刘姓子弟在他死后的岁月里竟然骄奢淫逸、重权在握，渐渐形成了国家的隐患。

二、削弱封国势力

师：同学们，这是一件随葬品，据考古学家考证，这是西汉中山靖王刘胜的一件陪葬品，它的名字叫"金缕玉衣"，是由2498片玉，用了1100克金线一片一片串起来的。同学们，从这件"金缕玉衣"上我们可以看出他的主人生前的生活状况如何？说明了什么？

生：很富有，很奢侈，很腐化。说明当时的诸侯非但生活骄奢淫逸，势力过于强大，而且经常威胁中央的统治。

师：课件展示《七国之乱》示意图。

师：汉景帝时，晁错曾建议皇帝直接用武力来削藩，结果导制七个诸侯国联合发生了叛乱。最后，景帝倾尽了全国之力，才勉强把叛乱镇压了下来。汉武帝继位后，虽然国力强盛了，可是，这些诸侯的势力依旧强大，那么汉武帝又是采取了什么样的方法来消除诸侯坐大的这种心腹之患的呢？汉武帝采取什么措施来解决诸侯王国问题？作为他的谋臣，请为他献计献策。

生：推恩令。（各抒己见）

师：哪位同学能说出“推恩令”的主要内容？

生：规定诸侯王除了让自己的嫡长子继承王位外，还把王国封地分给其他子弟，皇帝封这些子弟为侯。

师：那么和晁错武力削藩相比，“推恩令”妙在何处？结合课件讲：正如这位同学所说，皇帝把土地分封给诸侯，并允许诸侯把这些土地再次分封给自己的子孙，这样，这些诸侯的势力就大大减弱了，新封的诸侯不但听命于皇帝，还会对皇帝感恩戴德。所以说，“推恩令”妙就妙在没有费一兵一卒就解决了王国问题，维护了国家的统一，加强了中央王朝的统治。

师：“罢黜百家，独尊儒术”使汉朝的思想出现了大一统，思想统一了，诸侯国的势力也被消灭了，政权上也统一了，那么汉武帝是不是就该睡个好觉了呢？如果各地有不服从命令的官员，汉武帝又该怎么办呢？接下来，我们来看汉武帝的第三个烦恼，他是如何强化监察制度的？

三、强化监察制度

师：同学们知道秦始皇为了监察百官，加强中央集权，在中央设了御史大夫，那么汉武帝是如何强化监察制度的呢？

师：汉武帝时期，在中央，设立司隶校尉，监督和检举京师百官以及皇族的不法行为。在地方，将全国分为十三个检查区域，称为“十三州部”，每个州部派刺史一人，负责监督地方官员，并抑制和打击地方豪富。同时，为了控制国家最高权力，汉武帝还提拔身边的侍从、宦官参与谋划军国大事、发布诏令，成为实际掌权的“中朝”。丞相为首的“外朝”沦为执行政务的行政机构，从而改变了汉初以来丞相位高权重的局面。

师：回顾我们今天所学内容，我们知道汉武帝采取了一系列统一的措施，其实秦始皇也采取了很多统一的措施，大家还记得有哪些措施吗？

下面我们来看一段表演（学生表演）：

甲（秦始皇）：朕建立了第一个统一国家。

乙（汉武帝）：可你十四年就亡了，朕的汉朝持续了四百多年呢。

甲（秦始皇）：长城是俺修的。

乙（汉武帝）：朕替你加长到一万里。

甲（秦始皇）：朕打过匈奴，维护国家统一。

乙（汉武帝）：可人家没对你称臣，匈奴主动同我和好。

甲（秦始皇）：是我为你创立中央集权制度。

乙（汉武帝）：可是还需我替你修补完善。

甲（秦始皇）：朕以“法”治国，反对者杀！

乙（汉武帝）：你残暴所以你死得早，朕独尊儒家所以江山常在！

甲（秦始皇）：噗（吐血）

师：纵然秦始皇和汉武帝不可能有这样的对话，然而我们用这样的方式让他们隔空PK，我们看到他们各有千秋。想一想：人们为什么总把“秦皇汉武”并举？（小组讨论，各抒已见）

师：（出示《西汉朝疆域图》）在汉武帝统治时期，西汉进入了鼎盛时期，不但疆域庞大，而且也是中国封建时代的第一个鼎盛局面，可是汉武帝的烦恼远远没有结束，在西汉的北方出现了一个强大的少数民族——匈奴，匈奴不断骚扰西汉的边境，汉武帝又该怎样处理同匈奴的关系呢？我们下节课再讲。

总结

师：今天这节课我们就上到这儿，接下来请大家根据自己的理解和记忆总结这节课所学的内容。

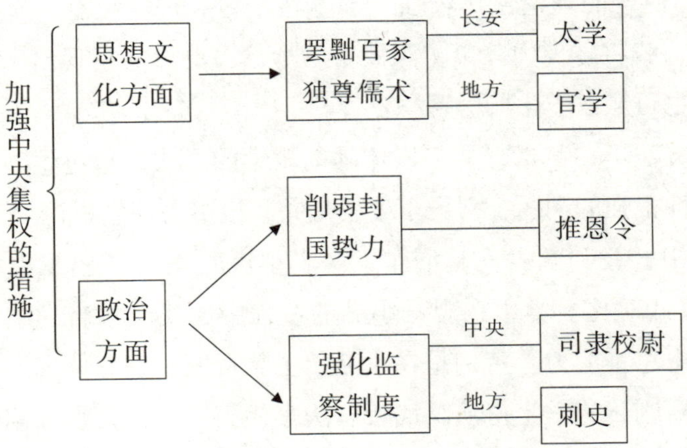

【练习题】

1. 西汉时期出现大一统，进入强盛时期的皇帝是（C）。

A. 汉高祖　　B. 汉文帝

C. 汉武帝　　D. 汉景帝

2. 西汉时期我国古代的最高学府是（B）。

A. 书院　　B. 太学

C. 大学　　D. 学宫

3. 提出“罢黜百家，独尊儒术”建议的是（C）。

A. 主父偃　　B. 卫青

C. 董仲舒　　D. 董宣

4. “罢黜百家，独尊儒术”，即尊崇的学说是（A）。

A. 儒家学说　　B. 各家学说

C. 法家学说　　D. 道家学说

5. 与汉朝王国问题产生和最终解决有关的皇帝是（C）。

A. 汉高祖、汉文帝　　B. 汉文祖、汉景帝

C. 汉高祖、汉武帝　　D. 汉文帝、汉武帝

【教学反思】

本节课教材依次安排了“罢黜百家，独尊儒术”“削弱封国势力”“强化监察制度”。内容的理论性比较强，学生在学习和理解上有一定的难度，因此在教学中，我将本课内容以“汉武帝的烦恼”的形式呈现出来，使学生更容易理解，也可激发学生的学习积极性。

在教学方法上，我选择了多媒体辅助教学的形式，通过生动翔实的音像资料与针对性很强的问题，引导学生思考并积极参与课堂讨论。

在教学中，我和学生一起创作了两个小短剧——“罢黜百家，独尊儒术”、秦皇汉武对比。学生在观看小品的过程中，我注意启发学生思考，培养他们的历史思维能力。特别是在小品“罢黜百家，独尊儒术”的表演过程中，我设计短剧，让学生扮演汉武帝、法家代表、道家代表、儒家代表、董仲舒等角色。通过短剧，学生深刻地理解汉武帝在统一思想中采取儒家思想，使其成为历代王朝的正统思想，这一环节成为这节课的亮点。

本课是一节综合探究课，多数学生区别和处理资料的能力、获取新知识的能力、分析和解决问题的能力以及交流与合作的能力得到了提升。遗

憾的是，个别学生依赖性强，不能积极参与课堂教学活动。

学生积极参与教学过程，他们体会到了成功的喜悦，激发了学习的兴趣，对今后的历史课程学习的兴趣更大。激发学生的学习潜能，培养学生的学习兴趣，是新课标的重要目的之一。因此在今后的教学中，一定要深入领会新课标的精神，更加深入地了解学生的心理和生理的特征，设计贴近学生的学习任务，创设良好的学习氛围，培养学生的合作精神，这是一个漫长的学习实践过程，我将一如既往，争取和学生共同进步。

❀ 本文作者系中学历史二级教师。

用英语畅言亲情

——九年级英语人教版Unit4教学案例分析 / 伍月娥

Unit 4　I used to be afraid of the dark.

一、教学目标

1. 语言目标

（1）学会陈述自己过去常做的事。

（2）学会陈述自己过去的爱好等。

2. 知识目标

（1）used to do sth 的用法

（2）be afraid /terrified 的用法

3. 能力目标

（1）能够表达自己现在和过去在外表、性格、娱乐等方面的变化。

（2）能够表达朋友、家人等现在和过去的变化。

二、重点知识

1. 重点单词

alone　quiet　by　out　going　friendly　serious　funny

spider　dark　insect　tall　shy　impress　short　terrify

straight　hardly　enough

基本要求：会读、会写、会用。

2. 重点短语

be afraid of sth

in front of

worry about sb/sth

used to do sth

all the time

all day

no longer

be interested in

as well as

基本要求：会读、会写、会用。

3. 重点语法

（1）used to do sth 的用法

（2）be afraid to do sth 的用法

be afraid of doing sth 的用法

基本要求：理解其含义，学以致用。

三、教学设计

本课以过去和现在的变化为话题，重点是介绍一个人在过去常做的事及爱好等，Section A 就是紧紧围绕该话题，以听说方式展开学习运用的。

四、教学过程

布置学生预习 Section A 的词汇，能够根据音标读出单词并了解汉语意思，使学生养成自主学习的习惯。

朗读本课的新单词、短语等，以先领读后齐读的方式进行，领读保证了发音的正确性，齐读进一步加强了训练。课前朗读可使学生快速进入学习状态，养成良好的学习习惯。

（一）新课导入

1.检查词汇预习

让学生朗读本课的重点单词和短语，注意发音。对个别单词的发音进行强调和纠正，并将发音归类。

2.展示新知识

谈论一个人的外表及性格，从而导入本课的话题。

3.专项练习

（1）让学生根据Section A的1a中由“What does he /she look like?”“What is he/she like?”“He used to be quiet, didn´t he?”，让学生根据自己的实际情况来进行模仿性练习。

（2）让学生进一步做对话练习，展开小组合作，并讨论一下“你的过去和现在有哪些变化”。

（二）听力训练

1.多层听

听（1）：通过听力，了解对话中人物不同的学习方法，此项活动可以更好地练习掌握本单元的词汇短语。

听（2）：通过听力，判断一下所听到的句子是哪些。

听（3）：对听力材料进行进一步的练习，找出你所听到问题的答案。练习提高了难度，也加深了对听力材料的理解。

以上活动由易到难，实现了材料的一材多用，使学生确实得到了更为扎实有效的听力训练。

2.听后说

因为听力材料有一定的难度，学生在回答问题、讲答案的同时就完成了一个说的过程。

（三）对话处理

1.读前听

听（1）：让学生根据听力内容进行对话练习，练习用used to do sth 来讨论过去 。

听（2）：听后，选择答案，也就是完成2b。听力结束后，先让学生小组内交流答案，再以小组的形式向其他同学公布答案，然后让学生根据听力内容进行对话练习。

以上对同一听力内容进行了两次练习，该设计主要是在灵活运用教材的基础上，使学生基本掌握对话的主要内容并进行听力训练和对话练习。

2.听后读

引导学生找出在对话中的语言点，分别是used to do sth、be afraid to do sth、be terrified of sth 及on 等词的用法，然后根据听力内容对这些语言点进行对话练习和造句，使他们更好地掌握这些语言点。

3.学后读

先让学生根据自己的实际情况完成3a下面的表格，并找出里面出现的难点，小组经讨论，共同处理出现的难点。对于比较难的问题，教师进行必要的讲解和指导。再让学生自己熟读课文，掌握要点，为以后说的练习打好基础。

（四）说的训练

1.根据课文中出现的要点，以小组为单位进行合作，开展人人参与的口头作文，说说文中人物的英语学习方法。

2.鼓励学生大胆介绍自己的学习方法，尽可能用上文中出现的短语词汇。

（五）学以致用

1.设计一个针对本节课语言要点的综合性练习，进一步练习掌握好这一部分的内容。

2.进行一个小结，总结本节课的学习内容，让学生对本节课的学习内容有一个清晰的概念，也便于学生课后复习。

（六）复习检测

1.检查词汇预习：有布置，有检查，采用多种形式检查学生对词汇的预习情况，可以采取学生结对、小组检查等形式，采用多种形式对听说课学习内容进行复习。

2.导入：设计情景，激发学生的学习兴趣或简介文章内容导入阅读。

3.训练

（1）根据阅读素材和阅读规律，深入挖掘素材，设计多层次的阅读任务，引导学生逐步掌握文章信息，并训练处理信息的能力。

（2）对较长的文章可采用总—分—总的形式。

4.精读足练

（1）学生先自主精读课文，找出疑难问题，然后结对或小组内进行交流，对于不能明确的问题，由教师点拨或指导。

（2）精讲知识点，辅以造句、对话等多种形式的充足练习，使学生掌握知识点并能灵活运用。

5.写作训练

（1）写作训练遵循词组—短句—长句—短篇—长篇的循序渐进原则。

（2）可以先引导学生仿写、改写，再运用所学知识进行独立写作，以实现从语言的输入到输出、由学到用的目的。

（3）学生将自己的作品在小组内或班内交流，交流的数量尽可能多。

五、设计理念

以学生为主体，走因材施教的教学之路，使学生在学习中获取信息、处理信息和运用信息，激发学生用所学语言进行交际的愿望和自信心，促进合作精神和文化意识的发展。

（一）总体思路

本节课是在多媒体的课堂教学环境下实施课堂教学。先让学生简短描述父母以前和现在的职业、外貌、性格、爱好，再欣赏英文歌曲“thank you, dad”导入内容，酝酿了一种感激父母的氛围，接着引导他们畅诉父母对自己的帮助的故事。让学生阅读短文，感受母爱的伟大。在阅读过程中，通过让学生看标题，预测课文内容，概括文章段落大意，根据上下文填所缺的句子，以各种方式提高阅读技能。最后，教师提供关键词让学生复述课文，使其能熟练地掌握所学的重点词汇、短语和句子。阅读后，教师抛出问题让学生讨论：我们该用什么方式报答父母？从而培养学生反哺意识。通过写作，提高学生综合运用语言的能力。

1. Get the students to describe their parents.

Students may describe their age, appearance, personality, hobbies they used to be and now.

设计说明：通过谈论父母以前和现在的外貌、个性、爱好职业等，既复习了本单元的语言功能项目，延续了本单元的话题，又能成功地引进本课要谈论和阅读的内容——父母的爱。

2. Play the song “thank you, dad” for the students and enjoy it with them.

设计说明：播放歌曲“Thank you, dad”，既可以吸引学生的注意力，激发学习英语的兴趣，又可以引起学生的深思，营造一种对父母无限感激的氛围。

Step 1　While reading

1. Introduce the title of the passage

“He used to caused to cause a lot of trouble.” According to the title, what might be talked about in this passage? Would you might to make a list? Please pay attention to the word *used to*.

The students may give such answers:

What troubles he used to cause?

The reason he used to cause so much trouble.

What made him change?

He is now a good person.

设计说明：通过让学生在不预习课文的情况下，根据文章标题猜测文章内容，旨在培养学生预测文章大意的能力，并通过下一阶段的阅读来检验学生对标题的预测是否正确。在教学中，教师提醒学生注意used to这个词语。

2.Fast reading

（1）What is the passage mainly about?

（2）Compare what the students predicted with the content given by the author.

（3）Stick out the key sentences and give the main idea of each paragraph in group and then report to class.

Para.1 After father´s death， Martin´s life became difficult.

Para.2 The troubles Martin used to cause.

Para.3 A conversation with his mother on the phone changed his life.

Para.4 What is Martin now like?

设计说明：概括全文大意和各段落大意，旨在帮助学生整体把握课文的脉络，提高分析综合能力和概括能力。

3.Detailed reading

（1）Finish Section3　3a

Put the missing sentences back in the correct place in the reading.

设计说明：培养学生利用上下文的信息猜词和学习新词汇的能力。

（2）Finish Section3　3b

Read the statements below. Circle "True" "False" Or "Don´t know".

According to the reading.

设计说明：设计此活动的目的是让学生带着问题细读文章，加深对文章的理解，并提高阅读能力。

（3）Let the students design questions according to the text and then ask answer in pairs.

设计说明：提高学生获取文章细节的能力。

4.Explain some difficult phrases and sentences in the text and help solve the problems students raise.

5.Retell the text in group one by one according to the keywords below then choose one to report to class.

设计说明：提供关键词，让学生在小组里轮流复述课文，让朗读有目的，使学生牢固地掌握课文里的词汇、短语和句子。

Step 2　Post reading

Discuss in group: What are nice ways for you to express your feelings and love to your parents?

Suggest point:

a. to share homework with parents

b. to send parents small gifts on parent´s day or their birthday

c. to write a letter or a card to express how much we love them

d. to try to study hard

e. to do a part-time job to reduce parents´ burden.

f. help parents with ...

Ask students to do some activities to show their love to parents after school.

设计说明：通过列举向父母表达爱的方式，在学生心中树立反哺的概念，让他们明白爱是相互的，并让他们付诸行动。

Step 3　Homework: writing

Write a passage of stories happened between you and your parents. The passage may include:

a. What is your comment or feeling on your father/mother?

b. Give some examples of your father/mother helped you solve problems you met.

c. What you have done or want to do to show your love to your father/mother?

设计说明：课堂上大量的语言输入为学生的语言输出做好了准备，对父母强烈的爱和感激之情使他们有了写作的欲望；此项课外作业能引导学生更多地关注父母，关注周围的人，学会爱别人。

六、教学反思

我们该用什么方式报答父母？培养学生反哺意识，以情感教育激发学生感恩父母、热爱父母，鼓励学生努力学习，报答父母养育之恩。

❀ 本文作者系中学英语高级教师，英语教研组长。

如何提高化学课堂的实效性

——表格在初中化学酸碱教学中的高效应用 / 陈晓玲

一、初中化学课堂教学现状分析

从教三十年来，送走一批又一批的学生，每当我回忆自己的教学时，在进行初中化学“酸碱”单元教学的时候，总是感觉自己教得很费劲。学生在学习时往往投入大量的时间和精力，但仍然感到相当困难，学习起来很吃力，每学到这一部分知识内容时，学生普遍感到思维比较混乱、知识点繁多、实验现象易混淆，从而对化学学习产生畏惧情绪，导致学习兴趣和成绩的大幅下滑，出现学习分化掉队现象。即使在中考复习中通过大量“题海练习”解决了一些问题，但学生仍然对酸碱知识脉络不明朗，在应试综合题和实验探究题时有一定的困难。这对今后高中化学的学习形成障碍。在倡导新教育的今天，充分挖掘学生的自学能力，活跃学生思维，对提高高效课堂都有很大的意义。

近几年采用的化学（人教版）教材分上下册实施，教学内容繁多，但每周教学课时少，而“酸碱”单元在中考中所占比重很大，并且在下册出现，当教学进度进入“酸碱”单元时，恰逢教学内容接近尾声，这一时段往往是教师匆匆结课、赶课、准备中考诊断复习的时刻，因此，学生在最需要通过练习方式复习“酸碱”知识的时候，恰恰没有较充分的练习时间去巩固和加强学习内容，出现了教师感到难教、学生学得吃力的学习困境。在提倡高效课堂的今天，很有必要静下心来，潜心研究“酸碱”单元的教与学。

二、具体的实施措施

第一，以问题为导向，引导学生课前预习。

笔者认真研读《义务教育化学课程标准（2011年版）》，结合教学建议和自己的多年教学实践，以及本校几个不同教学班级的学情，决定以问题为导向，引导学生课前预习。为此，精心整理设计了第十单元《酸和碱》涉及的知识表格十个，编写酸碱知识的“导学提纲”，通过自学的方式，让学生形成基本的知识框架。

第二，在教学过程中，要遵守循序渐进原则。

循序渐进原则是指教学要按照学科的逻辑系统和学生认识发展的顺序进行，使学生系统地掌握基础知识、基本技能，形成严密的逻辑思维能力。例如：在进行《课题1：常见的酸和碱》酸碱指示剂教学时，不仅要使学生从化学演示实验中获得感性认识——酸碱指示剂遇酸或碱的溶液能显示不同的物质，启发学生填写相关的知识表格，加深对知识的理解和掌握，总结出酸碱指示剂遇酸或碱的溶液的变色规律，还要有意识地充分利用教材和日常生活中牵牛花或紫甘蓝遇盐酸和氢氧化钠变色的图片，进一步总结出酸碱指示剂的作用和变色规律，为酸和碱的教学做好充分的准备。

教师首先强调第十单元《酸和碱》在教学中的重要地位以及在中考所占的分数比例，使学生引起足够的重视，然后充分发挥化学实验的高效作用，提高学生的浓厚学习兴趣，减轻学生的思想负担，将“酸碱”单元零散的知识点用表格形式梳理，使学生便于理解和掌握。如在进行《课题1：常见的酸和碱》教学时，可按下面四个活动设计方案进行。

活动一：收集日常生活中的酸和碱（凭感性认识做出假设）。

酸性物质名称：（　　　　　　　　　　　　　　）

碱性物质名称：（　　　　　　　　　　　　　　）

活动二：设计计划、方案。

学习测试溶液“雪碧”饮料的酸碱性的方法及操作注意要领。碳酸是我们最常见的一种存在于饮料中食用的弱酸。

展示学习资料：碳酸是二氧化碳溶于水而生成的酸。它的酸性很弱，温度稍高一些便会分解出二氧化碳气体。我们喝的“雪碧”汽水就是一种碳酸饮料。制造汽水时就需在加压的条件下，把二氧化碳溶解在水里。当人喝汽水时，气压减小，二氧化碳从水中逸出，并从口腔排出，带走热量，因此人感到凉爽。常饮用碳酸饮料易腐蚀损坏牙齿，儿童大量饮用碳酸饮料易发生蛀牙、骨折。

活动三：自选日常生活常见物质，测定其水溶液酸碱性（实施实验计划，验证假设）。

物质	酸碱性	pH	验证猜想	粘贴pH试纸处
食醋				
纯碱				
石灰水				
雪碧汽水				
酒精				
小苏打				
肥皂水				
自来水				

活动四：展示小组结果，集体讨论。

我们学到了什么？有什么困惑？有什么收获？

通过上面四个具体可行的活动方案，使学生对生活中的酸和碱物质分类，由抽象到具体，再加上对比的知识表格训练，便于学生理解和掌握。

第三，有的放矢，强化实验探究，认真填写实验表格。

《义务教育化学课程标准（2011年版）》提倡“让学生亲身经历探究过程”，重视“实验动手操作”。化学是以实验为基础的自然科学，在“酸碱”单元的教学中，设计了很多演示实验和学生实验，特别是酸碱化学性质的探究实验，这充分体现了实验的重要性。在酸碱部分具体教学时，教师可以在做好演示实验后，让学生重新走进化学实验室，亲自动手做相关的实验，加深学生记忆。学生完成实验后，教师要及时点评各小组的实验效果，然后认真填写实验报告和酸碱知识相关表格。表格主要为：

表格活动一：酸、碱的组成

表格活动二：酸碱指示剂在不同性质的溶液中的变色规律

表格活动三：酸碱指示剂的用途

表格活动四：自制酸碱指示剂

表格活动五：测定常见物质水溶液的酸碱性

表格活动六：浓盐酸、浓硫酸的物理性质、特性、用途

表格活动七：三种离子（酸根）的检验

表格活动八：氢氧化钠、氢氧化钙的物理性质及用途

表格活动九：酸碱通性

表格活动十：酸碱度和酸碱性

通过填写以上相关知识的实验表格，既可以增强学生对有关知识的掌握，还可以使学生将零散的知识系统化、直观化，同时还能帮助学生了解有关化学原理，提高学生对知识的概括能力，进一步对比酸和碱的组成、通性以及主要用途，总结出本单元的知识脉络体系。为了进一步激发学生浓厚的学习兴趣、体会生活有趣的化学现象，教师还有必要添加一些日常生活中的趣味实验。例如：自制酸碱指示剂、测定生活用品的pH及混合液的pH、酸和碱的反应pH变化、鸡蛋在白醋中的沉浮、叶脉书签的制作、波尔多液的配制等多种趣味实验，尽可能让学生主动参与实验探究，一边实验，一边探究。教师可在实验过程中慢慢寻找提升初中化学课堂教学成效的有效方式，累积充足的课堂教学实践经验。

总之，在平时的教学中不断重视教学设计，在初中化学重要知识单元中，可以利用知识表格对比，梳理相关知识的相同点、相似点和不同点。不断推进课堂教学的高效性，大力培养学生的动手能力，更重要的是在此过程中提高学习方法和技能，培养化学科学素养。

※ 本文作者系中学化学一级教师。

如何提高中学音乐课堂教学效率 / 许淑珍

教育改革的大背景下，随着新教育改革的推进，如何提高音乐课堂教学效率，是摆在教师面前的新课题。课堂教学效率的提高是教学质量提高的前提。

一、培养学生创造性思维

音乐本身是非语义性的，其本质与价值可以激发人的创造性，而且音乐中的“喜怒哀乐”也能够通过肢体的律动来表达。因为肢体动作的律动能唤起人的思维本能，更能激发人的自由联想，要想充分表达歌曲的内容，通过有声有色的表演，能收到良好的效果。学生喜欢表演，也喜欢看表演。通过动作表达出歌曲内容和情感，容易使学生体会歌曲的情境、意境。所以，利用身姿的律动来表达音乐的内涵，不但能调动学生的学习积极性，还可以培养学生的创造性思维。例如：七年级音乐上册《对花》一课，我在课堂的导入环节中首先让学生观看一段河北秧歌的视频，一方面先让学生感受河北民歌动作表演的基本动作，认识常用的道具（手绢、扇子或雨伞）；另一方面，让学生边观看表演边学一学基本的动作，为学生的创作表演打下良好的基础。在课堂的创编环节中，学生不但学会了河北秧歌的基本动作，而且还成功地表演了河北民歌《对花》，在创编过程中培养了创造性思维。

二、在课堂教学中留给学生创编的时间

对于音乐的理解和表达，每个人都有自己独特的感悟，音乐是用耳朵去聆听、用心灵去感受的艺术。音乐学习和欣赏是以具体音乐作品为对象，通过聆听的方式和其他辅助手段来体验和领悟音乐，从而得到愉悦的一种审美活动。在音乐学习和欣赏过程中，聆听是主要方式，讲解只是一种辅助手段，教学中切忌把“讲解”放在主要的位置。也就是说，教师要改变以讲为主的灌输思想，应该把学生放到主体地位，教师应该成为参与学生学习活动的参与者与引领者。要尊重学生各种不同的音乐体验感受，如果学生偏离了作品的基本意义范围，说明他对作品的学习和鉴赏还处于茫然状态，这就需要教师的引导，帮助他们掌握作品的基本内涵，并获得一些基本的学习和鉴赏知识以提高学生的鉴赏能力。否则，我们的音乐鉴赏课就失去了意义。

从这个意义上讲，音乐学科又是一门学生的学与教师的引导紧密相结合的课程。学习音乐需要学生自主地参与、积极地探究，需要教师正确引导。《对花》一课的教学中，我首先给学生范唱了这首歌曲，从而引起学生学习的欲望和共鸣。然后，我让学生先试着跟钢琴伴奏唱《对花》的乐谱，在乐谱试唱的过程中发现新的知识点——上滑音，在唱歌词的过程中发现另一个知识点——对唱。我首先让学生自己通过课前的准备来解决乐谱中遇到的问题，再通过学生的相互交流解决遗留问题，再进行总结性的补充与肯定。然后结合学生自己的理解，给学生介绍了什么是表演唱。在这个过程中，我不仅让学生在课前查阅相关资料，同时在课上让学生自行探索并掌握本课的知识点，在后边的创编过程中，让学生合作完成创编。整堂课不但体现了以学生为主体的教学理念，同时大大提高了学生学习的效率，也提高了教学效率。

三、足够的知识储备是高效课堂坚实的后盾

音乐是一门综合性很强、知识面很广的学科，它包含了深厚的文学、美学、历史、地理、人文、习俗等知识。音乐教师应发扬“开放主义”的精神，多读些有关历史、地理、文学、自然、科学的“闲书”“杂书”，丰富自己的知识，这样才有能力去开发学科中的美育内涵，讲的课才会吸引人，学生才会听得津津有味。《对花》一课涉及地理（河北民歌）、历史（是一首欢快的河北民歌，描述了我们国家在抗战时期给战斗英雄和劳动英雄戴大红花，以及欢庆胜利的热闹场景）、生物（各季节都开的花种）、美学（用音乐赞美美好的心灵，用音乐表达美好的事物）等学科。这就要求音乐教师要在专业知识方面继续学习、深造，因为随着学生音乐视野的扩大、音乐知识的丰富，学生对音乐的审美要求会更高。俗话说："死水怕勺舀。"音乐教师用学校学的一点专业知识来教育学生，只怕会误了学生。教师只有博览群书、扩大知识面，才能更好地教好学生，提高课堂效率。《对花》一课的教学中，当进入创编环节，说到春、夏、秋、冬所开的花时，学生可能说的花和季节不符，此时教师怎么引导就显得特别关键。重点是让学生感受到音乐创编的乐趣，用小组活动的形式给学生提供实践平台，为学生提供自主、合作地应用所学知识的机会，培养他们表现音乐和创造音乐的能力。

四、课后反思是提高课堂效率的有效手段和途径

每节课后我都会认真反思自己在课堂教学中有哪些是成功的，哪些是需要改正的。不懂的地方就去请教其他有经验的教师或查阅资料，争取不再犯类似的错误。相信只有经过反复琢磨以及不断学习，才能使自己的教学方法变得更加成熟，从而提高课堂效率。我在上完《对花》一课后做了一定总结：本堂课利用多媒体教学很好地解决了歌曲的学习，让学生了解了河北民歌和河北民间舞蹈，弘扬了民族音乐，增强民族意识和爱国情操，体现新课标"弘扬民族音乐"的新理念。但是，教师的表情、情绪还不到位，没有用自己的激情去感染学生，不能充分调动课堂的气氛和学生学习的积极性。只有在语言组织表达上更亲切、更有趣，示范时表情更丰富，表演时更夸张到位，学生才能感受到教师的个人魅力，才能把歌曲的内涵很好地表现出来。

本文作者系中学音乐一级教师。

【乐育篇】

初中化学实验之旅 / 滕立玲

《义务教育化学课程标准（2011版）》（以下简称《课程标准》）中明确指出：“化学是一门以实验为基础的学科，在教学中创设以实验为主的科学探究活动，有助于激发学生对科学的兴趣，引导学生在观察、实验和交流中学习化学知识，提高学生的科学探究能力。实验是学生学习化学、进行科学探究的重要途径，观察、调查、收集资料、阅读、讨论和辩论等都是积极的学习方式。”

《义务教育化学课程标准（2013版）》中又明确指出：“让学生有更多的机会主动地体验探究过程，在知识的形成、联系、应用过程中养成科学的态度，获得科学的方法，在‘做科学’的探究实验中逐步形成终身学习的意识和能力。”初中化学教师要认真研读《课程标准》，坚持以《课程标准》指导教育教学活动。

实验是化学的灵魂，是化学的魅力和激发学生学习兴趣的主要源泉，更是培养和发展学生思维能力和创新能力的重要方法和手段。充分认识实验在化学教学中的地位和作用，切实采取措施，加强实验教学是提高化学教学质量的重要环节。本文以初中化学实验为话题，让我们开始一段愉快的化学旅程。

第一站：步入化学实验室。

九年级学生初次走进化学实验室，充满好奇心，这里看看，那里摸摸，如何引导学生掌握化学实验基本操作、遵守实验的操作规则，是第一要务。2016年7月26日，一则新闻轰动全国：一位女士全家驾车游野生动物园，行间居然无视规定下车，瞬间被老虎拖走，最后导致人员伤亡的恶果。无视规则酿成惨剧的事例告诉我们，遵守规则是多么重要。让学生第一次进入实验室，就要养成遵守规则的意识。

第二站：科学探究的环节

科学探究是科学的本质特征，具有重要的教育价值。体现科学探究的精神，是科学教育面向未来的必然要求。它不仅可以使学生更深刻地理解科学知识、更好地掌握科学方法，而且使学生得以亲身体会科学精神的实质，培养科学的情感、态度和价值观，从而更有效地提高科学素养。让学生在学习科学知识的同时经历科学探究的过程，如通过观察与思考提出问题，通过动手、动脑、合作交流等途径解决问题，这不仅符合学生的认知特点，而且对学生的长远发展有重要意义。

1.增进对科学探究的理解。通过对《课程标准》的学习，教师要增进对科学探究的理解，深刻认识科学探究既是学习的内容目标，又是学习的方式。

2.发展科学探究能力。《课程标准》对科学探究的八个要素（提出问题、猜想与假设、制订计划、进行实验、收集证据、解释与结论、反思与评价、表达与交流）提出了具体的目标要求，教师应将这些要素灵活运用到具体的实验探究教学之中，通过引导学生开展生动有趣的实验探究活动，促使学生科学探究能力的发展。

3.学习基本的实验技能。化学实验是进行科学探究的重要方式，学生具备基本的化学实验技能是学习化学和进行探究活动的基本保证。《课程标准》明确提出了七项基本的实验技能，教师必须引导学生坚持动手实验操作，熟练掌握这七项基本实验技能，为顺利进行科学探究奠定基础。

4.完成基础的学生实验。学习和运用化学实验技能和科学探究方法，离不开实验活动。《课程标准》明确列出了八种基础的学生实验。这八种实验是义务教育阶段学生至少要完成的基础性试验，不论有多少困难，教师都必须积极创造条件，通过多种途径让学生动手完成。

5.亲历探究活动。科学探究学习目标的实现，必须让学生亲身经历丰富的探究活动。教师应根据实际情况，对探究要素和难度做适当的调整，目的是让所有学生都能参与探究，让更多的学生获得真实的科学探究体验。

6.广泛联系生产生活实际。通过家庭小实验、课外社会实践活动，丰富实验教学，拓宽探究途径。

7.加强学科渗透。教师要引导学生学会学科联系与渗透，将其他学科的科学探究与化学科学探究融合起来，形成科学探究学习的合力。知识是不可分割的，为了细化研究，将知识分成不同的学科。

8.开展探究学习评价。科学探究既是学习的方式，又是学习的内容和目标，必须落实在其他各主题的学习中，不宜孤立地进行探究方法的训练。对科学探究学习的评价，应侧重考查学生在探究活动中的实际表现。通过评价激励学生进行科学探究，并通过不断纠正错误，引导学生走上科学探究学习之路。

在复习阶段，有条件的学校可以选择时间开放实验室，引导学生开展综合性探究活动，加深对化学知识的理解和记忆。

第三站：课程资源的开发和利用

1.化学教科书是化学课程资源的核心

化学教科书是化学教学的主要依据。提倡开发利用课程资源，并不意味着可以将教科书束之高阁，它仍然是最重要的课程资源。通过对教材的选择与整合，创造性地进行教学，使学生得到又好又快的发展。

2.充分利用学校资源

各种图书、期刊和报纸是化学课程的重要课程资源。学校图书室应该向全体学生开放，教师应指导学生有效地阅读科技图书、科技期刊和报纸，激发学生热爱科学、探索科学的热情，拓展学生的知识面，促进学生自主学习。

实验是化学课程改革的重要环节，是落实化学课程目标、全面提高学生科学素养的重要途径，也是化学课程改革的重要资源。观察实验现象、进行演示实验和指导学生实验，能够使学生对化学事实获得具体、明确的认识，这是理解概念和规律的必要的基础。观察和实验对培养学生的观察和实验技能，培养实事求是的科学态度，引起学生学习兴趣，具有不可替代的作用。加强演示实验、学生实验、探究实验，学校和教师应根据课程标准的要求安排足够多的学生实验和演示实验，尽量安排学生的探究实验和学生自主实验，最大限度地利用实验室现有器材、药品开展更多的实验课程。

3.加强多种版本教材的整合以补充教材资源

目前，化学教材有多个版本，都是根据国家课程标准编写的，有人教版、苏教版、鲁科版等，其内容、形式、要求不尽相同。这些版本的产生，是化学教材编写物集体智慧，每一个版本教材都是独特的教学资源。精心整合各版本教材，充分挖掘教材资源，取各家之长为我所用，使现有教材更优化。

总之，化学课程资源的开发利用还需要教师在教学中，根据每课的具体教学内容，对课程资源进行合理的选择和整合。以促进化学课程能更好地完成，提高学生的化学学科素养。

第四站：教师的认识和态度

故事一：美国西点军校有一句名言："态度决定一切。"没有什么事情做不好，关键是你的态度问题，事情还没有开始做的时候，你就认为它不可能成功，那它当然也不会成功，或者你在做事情的时候不认真，那么事情也不会有好的结果。没错，一切归结为态度，你对事情付出了多少，你对事情采取什么样的态度，就会有什么样的结果。

故事二：三个工人在砌一面墙。有一个好管闲事的人过来问："你们在干什么？"第一个工人爱理不理地说："没看见吗？我在砌墙。"第二个工人抬头看了一眼好管闲事的人，说："我们在盖一幢楼房。"第三个工人真诚而又自信地说："我们在建一座城市。"十年后，第一个人在另一个工地上砌墙。第二个人坐在办公室中画图纸，他成了工程师。第三个人呢，成了一家房地产公司的总裁，是前两个人的老板。态度决定高度，仅仅十年的时间，三个人的命运就发生了截然不同的变化，是什么原因导致这样的结果？是态度！

一个人有什么样的心态，就会有什么样的追求和目标。具有积极、乐观心态的人，其人生目标必然高远。有了高远的目标，必然会为之努力。有努力必有回报。第一个工人总在抱怨生活的不公，心情是郁闷的，想的都是一些令自己不愉快的事，回答别人的问题时都是满肚子怨气。第二个工人要比第一个工人心态好，尽管也是在砌墙，但他却把这堵墙当作一栋楼房来建，心里想的是如何将楼房建设得更好。第三个工人心态最好，工作那么辛苦，他还那么自信、那么专注。人最可贵的就是"认真"二字，第三个工人把砌墙这样的小事当作一项伟大的事业来看待，十年后成为老板也就不足为奇了。扪心自问，我们能真正对待自己从事的工作吗？在我们的身边，有不少人整天抱怨，这山望着那山高，一辈子碌碌无为、一事无成。而陶行知等做出杰出贡献的人，无一不是兢兢业业、一丝不苟、乐观向上的。

心态影响着人们对事物的看法。比如两个口渴的人面对半杯水，悲观的人会说："真不幸，只有半杯水了。"而乐观的人会说："真好，还有半杯水呢！"引发快乐的原因，并不是因为水量的多少，而是因为看待问题的态度。态度可以决定一个人的成长高度，干任何工作、做任何事情都是如此。一个人的态度决定了能否把这件工作、这件事情做得更完善、更完美。我们既然坚守在教师岗位，选择了就不要后悔，尽自己最大可能做好教育教学工作，在工作中寻求快乐，做学生的成长伙伴，守望学生的健康成长。

第五站：采用多元的教学评价

评价的目的是为了提高学生的科学素养和教师的教学水平，为学校实施素质教育提供保障。化学课程的评价应促进学生在知识与技能、过程与方法、情感态度与价值观方面的全面发展。发现学生潜能，了解学生需求，使学生能看到自己在发展中的长处和不足，增强学习化学课程的信心，激励、引导学生发展，形成生动、活泼、开放的教育氛围。评价应该鼓励学生发展自己的特长和爱好。评价既要促进全体学生在科学素养各个方面的共同发展，又要有利于学生的个性发展。积极倡导评价目标多元化和评价方式的多样化，坚持终结性评价与过程性评价相结合、定性评价与定量评价相结合、学生自评互评与他人评价相结合，努力将评价贯穿于化学学习的全过程。评价方式主要包括纸笔测验、学习档案评价和活动表现评价等。

纸笔测验是一种传统的考查方式，又是一种重要而有效的评价方式。在教学中运用纸笔测验，重点应放在考查学生对化学基本概念、基本原理以及化学、技术与社会的相互关系的认识和理解上，而不宜放在对知识的记忆和重现上。应重视考查学生综合运用所学知识、技能和方法分析和解决问题的能力，而不单是强化解答习题的技能。应注意选择具有真实情景的综合性、开放性的问题，而不宜孤立地对基础知识和基本技能进行测试。

学习档案评价是促进学生发展的一种有效评价方式，应培养学生自主选择和收集学习档案内容的习惯，给他们表现自己学习进步的机会。学生在学习档案中可收录自己参加学习活动的重要资料，如实验设计方案、探究活动的过程记录、单元知识总结、疑难问题及其解答、有关的学习信息和资料、学习方法和策略的总结、自我评价和他人评价的结果等。教师应鼓励学生根据学习档案进行反省和自我评价，将学习档案评价与教学活动整合起来。教师要通过学生的成长记录全面反映学生的发展情况，收集和分析能够反映学生学习过程、结果的资料，是客观、公正地评价学生学习的关键。

活动表现评价是一种值得倡导的评价方式。这种评价是在学生完成一系列任务（如实验、辩论、调查、设计等）的过程中进行的。它通过观察、记录和分析学生在各项学习活动中的表现，对学生的参与意识、合作精神、实验操作技能、探究能力、分析问题的思路、知识的理解和应用水平以及表达交流技能等进行评价。活动表现评价的对象可以是个人或团体，评价的内容既包括学生的活动过程，又包括学生的活动结果。活动表现评价要有明确的评价目标，应体现综合性、实践性和开放性，力求在真实的活动情景和过程中对学生在知识与技能、过程与方法、情感态度与价值观等方面的进步与发展进行全面评价。例如："课外实验""探究"和"调查与研究"等的学习评价应在实验过程中进行，从实验设计、实验过程、实验操作、实验报告、交流讨论、合作意识以及实验态度等方面予以考察。

第六站：开启学生学习化学的快乐之旅

孔子说："知之者不如好之者，好之者不如乐之者。"爱因斯坦也说："爱好是最好的老师。"当学生对化学实验产生浓厚的兴趣时，学习化学就有持久的强烈的内驱力，这种内驱力能充分调动学生的学习积极性，克服厌学和畏难情绪，促进学生的思维，提高学习效率。学习兴趣是学生学习自觉性和积极性的核心因素，是学习的强化剂。当一名学生对所学的课程发生了兴趣时，就能积极主动地进行学习。

学生小张从九年级第一节化学课开始，就特别喜欢化学实验，对化学情有独钟。初中毕业后，利用兰州市对口统配政策进入兰州一中理科实验班学习，三年后参加高考，以优异成绩考入北京化工大学化学专业继续学习。

※本文作者系中学化学正高级教师，现任校长。

重基础养习惯，扬民主促能力

——赴上海学习小记 / 徐曦雯

李白诗云：“烟花三月下扬州。”农历三月，柳絮如烟，繁花似锦，不免引发我无限的遐想，于是三月的烟花时节，我们一行人下了申城——上海。

晚上11点多下了飞机，拖着行李走在空旷明亮的机场大厅，一行十几人的行李箱的滑轮有节奏地隆隆响起，时尚繁忙的都市气息已弥漫在空气里。天气微凉，蒙蒙细雨中夜色笼罩着通明的灯火，夜上海，我们来了！

几天的学习、生活大都是在雨季中度过……

十几人被分到不同的学校，我们四人将去“上海培佳双语学校”，于是临行前做了一些了解：这所学校是一所从小学到高中12年制的现代双语民办学校，聘用外籍教师，现有小学、初中、高中53个教学班，学生2000多名。

学校在普陀区，我们住在南京路附近，人生地不熟，怎么去？虽然多次来上海，但总有带路的人，而这次同行的人来的次数没我多，更是两眼一抹黑。我突然想起了临走前下载了手机地图，平时懒得用一下的我，立即倒腾起来：查路线，定时间，选最近最便利的车次……在高科技的指引下，一切都不是问题。

我们终于在规定的时间到了学校。学校不算大，在暮春温润的空气中绿树成荫，树叶儿鲜亮。张平校长接待了我们。我们了解了学校的校园文化，参观了图书阅览室及校内外的设施。“学校拥有图书信息资料中心、数字化的校园系统、标准化的塑胶跑道，每间办公室和教室都安装了空调，学校以‘卓越的教，快乐的学’为办学核心价值理念，倡导‘以人为本’，坚持课程、教材与教学方法的改革与创新……”带领我们参观的教师娓娓地介绍着，而让我印象最深的是这里的图书馆，设计时尚而温馨，没有冰冷的铁架子，没有高高在上让你踮起脚尖也够不到却还冷冷望着你的书籍，书随意摆放，整个图书馆色调温暖而明亮，让你很想静静地坐上一个下午。

随后的几天里，听了几堂课，让我受益匪浅，现将感悟梳理几条：

第一，课上得很扎实。从作者到字词，由内容到主旨，由浅入深。不花哨，不表演，不卖弄。重视课文朗读，积累审美素质。引导学生阅读时关注语言，重视基础积累。这样夯实了语文阅读教学基础，不断培养学生健康高尚的情操和审美能力、写作能力。提高中学生语文素养，阅读教学才能真正落在实处。我想，“扎实”正是高效课堂的前提，而真正的高效课堂就是这样“返璞归真，洗净铅华”。

第二，重基础，重细节，平实中注重学生习惯的养成。学生在学习《孟子二章》时，教师让学生分小组疏通文义，要求学生拿出《古汉语常用字字典》进行疏通。由此看出，学生们已养成翻检工具书的好习惯。确实，时常翻检工具书，学生见到“生字词”就要想起工具书这位无声的教师，在他的帮助下做到会读、会写、会解释、会运用，不等、不靠、不放、不模棱两可。而我们往往为了节省时间，常常包办代替，忽略了此习惯的培养，反而养成学生的依赖心理，无形中滋长了学生的懒惰心理，减少了探究的欲望，不利于学生的能力培养。任何一门语言的学习都不是一蹴而就的，重在一点一滴的积累。古人云：不积跬步，无以至千里；不积小流，无以成江海。所以在语文教学中一定要注重基础教学。

第三，着意培养学生思考探究能力。这主要表现在提问设计具有发散性，极易引导学生展开探究。课堂提问是教学中用得最多却又很难用精、用巧的艺术。在语文教学中，重视课堂提问、掌握课堂提问的艺术是提高教学质量的重要途径。课堂提问的诱导启发与培养学生思考问题、解决问题有着密切的关系，课堂设疑提问的质量直接影响着教学的质量。如果教师提的问题有启发性，那么学生就乐于思考、乐于回答，对其学习新的知识就会产生一种促进作用，课堂上也就不至于死水一潭。如果教师提的问题空洞生瘪，或是哗众取宠，让学生做简单的问答游戏，表面上看起来课堂上举手的人很多，搞得轰轰烈烈，其实是将学生的思维简单化，让学生一味地去文字上找答案，根本谈不上发展学生的智力。培佳学校在倡导学生掌握基础知识和基本技能的前提下，在培养学生发现问题、提出问题、解决问题的能力方面的工作做得很扎实。

第四，学生有自信，充满活力。这里中、小学的各班都开设了两门以上的双语课程，从小学一年级开始注重英语语感的训练，部分学生小学毕业时的英语能力超出了上海市初中毕业生的英语水平。小学毕业生人人都有毕业论文，每个学期末的成果展示、论文答辩已形成传统。这点确实令我震撼，我们的学生写论文，别说小学生，恐怕高中生都难以做到。难道真的是我们的学生不行吗？这引发了我的思考：是啊，一味地听老师的话，按老师的要求去做，唯命是从，如傀儡一般，这样的教学肯定不能培养出有主见、有创新意识的学生。而这里的学生能大胆质疑，自信地表达，充分发展、张扬个性，我认为与老师长期以来给学生创设宽松、民主的环境是分不开的。我们平时的教学是否真正做到这些了呢?

此次上海之行，让我想了很多，学到了很多，也让我更深入地了解了这个城市。除了优秀的师生外，上海的老老少少都让我感受到这座城市的热情、理性、人文。

不必说这里的交通状况是如何便利有序，也不必说这里入云的高楼、繁华的商场、夜晚的灯红酒绿、外滩那浪漫的风情，单是人们的热情、讲规则便让我产生无限的敬意。外出问路，他们会为你细细讲述，甚至会为你停住帮你查询路线。公交车上，听出你是外地人，知道你遇到困难，你还没问，他们便为你热情解答。去景点，七八十岁的老人（这些老人身体康健，你一定会惊讶于他们的精神状态）会主动提出给你做导游。你排错队，他们会轻声细语地纠正。有人插队，他们会群起制止，不管是年轻人还是退休的老人，每个人都自觉地维护秩序，坚守规则，不纵容丑恶行为滋长蔓延。

最后，我想说，上海是一个让人来了就不想走的城市……但是，这里没有我的亲人、朋友。我还是更愿意回到兰州，去尽自己的微薄之力。

❀ 本文作者系中学语文高级教师，办公室主任。

努力做一个阳光的老师

——北京师范大学培训心得 / 王玉香

2016年8月5日至2016年8月14日，我荣幸地参加了2016年北京师范大学兰州市城关区教育局中学学区中小学骨干教师高级研修班的培训。十天的培训学习使我开阔了视野，增长了知识，丰富了思想，促进了工作。培训中，我聆听了十位北师大的教育专家、教授的精彩讲座。他们用生动幽默的语言、独到的教育理念、精湛的科学理论，深深地感染着我、启发着我、激励着我，同时使我重新看待和审视自己的工作。这次培训虽然时间短暂，但它却坚定了我的信念：把教育当成自己的人生至高的追求，做一名勤于读书、善于学习、努力工作、爱生如子、幸福阳光的教师。以下是我参加这次培训的一点体会：

一、创造条件读书，无条件地热爱学习

任何人想发展都离不开书，读书的边界就是人生的边界。书籍可以让我们跨越时空与先哲进行精神对话。给我们培训的专家学者，几乎都谈到了这个问题。是啊，作为一名教师，我们不仅要读教育教学方面的书，还要博览群书。不读书，如何更加深入地教学，如何在课堂上与学生与文本进行对话？如何与时俱进地掌握教育教学的技巧？在培训中，我深感自己的不足。作为一名教师，要不断给自己“充电”。我深感只有不断充实自己、博览群书，授课时才能做到游刃有余，而不是照本宣科。教学需要教师不断创新，而不是简单复制。特别是现在的新教材、新理念，为教师提供了更宽广的舞台，同时也对每位教师提出了更高的要求，我们更需要有创新的思想、创新的理论。“腹有诗书气自华”，一本好书能够决定一个人的命运，可以为我们指路。要想跟上时代的步伐，读书是不可缺少的。“读史使人明智，读诗使人灵透，数学使人精细，物理使人深沉，伦理使人庄重，逻辑修辞使人善辩”，一个博览群书的教师一定是受学生尊敬的教师，一个拥有较高的文化素养的教师一定是学生乐于接近的教师。读书应该成为每一个教师的自觉行为。因此，我以后要坚持读书，以丰富自己的内涵，让自己获得更好的发展。

二、转变教学观念，进行有效教学

我一直在思考一个问题：我们的教育到底教给学生什么？这次培训中，伍新春老师的《现代学习观念与有效教学》讲座，又进一步加深了我对这一问题的认识。教给学生什么？毫无疑问，新的课程标准强调指出，要教给学生适应终身学习的基础知识、基本技能和方法，培养学生的基本能力（如搜集和处理信息的能力、获取新知识的能力、分析和解决问题的能力以及交流与合作的能力）。学生掌握知识，取得好的成绩，是最基本、最现实、最直接的要求，对学校来说，成绩是学校生存的资本，是学校的生命。但是作为学校这个特殊的场所，教师这个特殊的职业，除了教给学生知识、培养学生能力外，还应该教给学生什么呢？

“一年树谷，十年树木，百年树人，千年社稷。”我们的学校、我们的教师在教学中要关注基本素养，注重核心素养。在教给学生知识的同时，还应该教给学生正确的价值观。我们应大力开展以“尊重、公平、自由、责任、正直、尽心尽力、关爱与同情、宽容与包容、诚实与诚信”为核心的价值教育。让学生知道如何行为才是正当的、好的、对的、高尚的，进而培养正直的、真正的、有良好品格的人。针对当前整个社会道德滑坡、物欲横流、以自我利益为中心、自私自利、只求索取不讲奉献的现状，针对部分教师厌教、学生厌学，我们应该大力加强师生的责任感教育，更有必要加强师生的正确价值观教育。为什么学生面对脏乱环境无动于衷、习以为常？为什么个别学生做操无精打采、敷衍了事？为何师厌教、生厌学？是缺乏责任感造成的。师厌教是教师对学生的不负责、对学校的不负责、对社会的不负责，生厌学是学生对自己的不负责、对父母的不负责、对社会的不负责。

戴高乐机场厕所的墙壁上用汉语贴着“中国人，请你便后冲水”的牌子；夏威夷的宾馆里也常见到汉语的“请丢垃圾入桶”标语；“便后冲水”“请丢垃圾入桶”“不随地吐痰”“公共场所保持安静”……这些好像应该是很自然，不用专门提醒中国人的事，是些小事情呀。否！这是大事情，是牵扯到中国人脸面的事情，是牵扯到国人素质的大事情，是牵扯到能否让外国人瞧得起咱中国人的大事情！我们的师生可否做到这几点？培养师生的责任感，我们是否感到任重而道远？作为培养对象的我们，是否认识到了这一点？又是否做好了“学为人师，行为世范”的准备？

三、调整心态，做一个阳光的教师

培训中，王东升教授的《教师的情绪压力管理与自我关爱》也使我感触颇深。“静下心来教书，潜下心来育人。”静下心来受益的是学生，而最终受益的是教师自己。“把学生看作魔鬼，您会生活在地狱里；把学生看作天使，您就会生活在天堂中！”这句话真正告诫教师，在对待学生上，一定要调整好自己的心态。教师的工作是平凡的、琐碎的，但却肩负着育人的重任。我们自己应该懂得从平凡的工作中去体验幸福，每天以无比愉悦的心情面对学生，咀嚼幸福，体会快乐。我们应该先学会爱自己，学会调节自己的心态。我们应该拥有积极心理情绪，宽容别人，善待自己。我们应该调整与学生相处的方式，将身心疲惫的自己释放出来，做一名幸福的、有阳光味的教师。

四、学会等待，真诚地爱护学生

教师这个职业是最难从事的职业，因为它不但需要教师具有较高的专业素养，还要有一颗博爱的心。所谓“亲其师方能信其道”，学生喜欢这个老师，他这科的功课肯定就好，不喜欢老师，这科的成绩就会很差，这是我们每个人都经历过也都明白的道理，也可以说是“爱屋及乌”。悦纳学生的前提是尊重学生，包括不以粗鲁的方式在身体和情感上攻击学生，以公平、关心、体谅的态度对待学生，特殊情况下要克制自己的情绪和行为，照顾学生的体面和尊严，静下心来等一等，学会等待也是爱，你的等待、你的宽容比指责更能打动学生的心。每个学生都是不一样的，所谓“江山易改，禀性难移”，学生的有些方面有可能一生都难以改变，也不需要改变，我们只能因材施教，但千万不能歧视学生，要学会等待。教师的爱是什么？是尊重，是宽容，更是等待。身教胜于言教。身教教的是什么？其中最重要的就是教师的人格魅力及其感染力，人格是一种无言的力量，具有高尚人格的教师本身就是一本教科书，学生从中也会受益无穷。

什么是教育？教育首先就是爱。没有爱的教育不是真正的教育，培养对学生的爱就是要关心他、帮助他，帮助学生克服成长的障碍，帮助他就要成全他，成全他拥有美好的生活，获得走向幸福的能力。学生在学习和成长的过程中如果感受不到爱，甚至遭受打击，久而久之他们就失去了学习的兴趣和热情，更何谈创新能力的培养。相反，每一位教师如果都怀着爱心，不以惩罚为目的，学生会投入更多的热情，积极主动学习，尽管没有马上学会教师教授的知识，但教师的尊重已经深深地影响了学生。北京实验二小的办学理念就是“爱”，在参观过程中，那整洁优雅的校园环境到处笼罩着爱的气息。

“路漫漫其修远兮，吾将上下而求索。”培训给我指明了一条路，我一定要努力地走下去；培训为我打开了一扇窗，我一定要努力看到窗外最美丽的风景！

在今后的教育教学工作中，我要多读书，做一个爱学习的教师；不埋怨，做一个有阳光味道的教师；要真诚爱护学生，做一个有爱心的教师。

❀本文作者系中学数学高级教师。

重温教师誓言，前行在钟爱的事业之路上 / 陈月旭

2016年8月3日19点40分，我们一行六人在胡主任、石主席的带领下，乘上去北京的列车。说实话，我的内心是比较喜悦的。4日下午，火车到达北京西站，一股热浪扑面而来。让我们兰州人感受了什么是热。到处是车声、人声、行李箱在地面上的嗒嗒声。我们乘坐公交车，第一感受是首都的公交车干净整洁，人也不是很多，有凉爽的冷气。车上还有两名安全管理人员，他们全副武装，提醒乘客们需注意的问题、下车的站点等等。我们这些外地朋友看到这一幕，心里踏实了不少。我旁边有位热心人，一路上讲着北京近年来的变化，哪些地方值得去看看……种种的热情介绍，让我们感受了首都人民的热情。

8月5日上午7点40分，我们在研修班班主任的带领下，走进了中国历史上第一所师范大学——北京师范大学。首先映入眼帘的是图书馆的大楼，大楼的建筑结构充分体现了现代设计理念，既简单又不失大气，校园处处是绿色：白桦树长得特别高，每一栋楼前都有草坪和雕像……随处可见学子们谈笑风生的身影，可能是暑期的缘故吧！校园里显得很安静，我内心深处觉得这才是真正学习深造的地方。接下来，我们被带到北师大文学院的广场前，所有接受培训的中小学教师要和培训机构的教师拍张合影，以此作为我们这期研修班的开班仪式的第一个环节。

开课前，大家满怀喜悦地走进教室，看到一百多人坐一个五十多平方米的教室，而且只有凳子没有桌子，想想十天的学习要从这里度过，我的内心还是有些许失落。不过有一个细节让大家感觉到培训方的工作安排还是很到位，那就是教室里的每一张凳子上有一个袋子，里面装有学习手册，从手册的设计到印制，每一个环节都做得相当周到。手册包括：北京师范大学文学院简介、致学员的一封信、服务指南、居住酒店至北京师范大学路线简介、北京师范大学平面简图、通讯录、研修班日程、研修班讲师介绍、研修班观摩学习地点等。

通过本次学习，我深深体会到作为一名人民教师的不易，要想成为一名优秀教师就更不容易。反思自己从事二十多年的教师工作，只做到了对学生身心的关怀，缺乏了自身的学习与探索。每一位讲师的课都能深深地触动我的内心，他们每个人都有渊博的理论知识和丰富的社会实践经验，可想而知，他们所付出的要比常人多多少呢？他们的日程永远排得满满的，有几位讲师甚至是下火车就直接到我们的课堂来，这种敬业精神难道不是我学习的理由吗？说真的，在三十多摄氏度的高温下，教室的空调时常会自动关闭，但是竟然没有一位讲师做出嫌热的举动，哪怕是一个肢体方面的小动作，他们反而会安慰我们，说北京的天气是很热，我们从西北来的教师可能会受不了，要不要让大家休息片刻再继续，或者说大家可以慢慢适应。作为我们特地去参加学习的教师来讲，克服天热也不是什么大不了的事。

学习中有苦也有乐，苦的是学习时间长、天气热、中午没有地方休息，乐的是我们六个人在学习、生活等各个方面都能体现出团队精神，我们所有行动都是统一的，包括学习笔记的分发记录与收缴，大家都能够认真地边听边记录。从这些讲师的身上，我感受到要想成为一名优秀教师，就要付出更多的精力。教师的品德素养、知识素养、行为素养，这些理念性修养不是一两天就能形成的，那是需要天长日久、日复一日的自我约束才能养成，我们没有理由不去重视这次学习的机会，哪怕是实地参观学习。

北京市实验二小，一所坐落在胡同里的小学，我们一行人来到这里参观学习。走进校园的第一感受就是像进了公园，有楼台亭阁、有喷泉、有名人雕像……最显眼的一座“爱”字雕像，其寓意是学校是一个充满爱的地方，老师爱学生，领导爱老师，学生爱老师，大家共同生活在一处充满爱的校园，身心都能健康成长。校园里，墙壁上挂着学生的作品，楼道里每一个角落都是绿色植物，显得格外温馨，楼梯宽敞，室内光线充足，走在楼道里心里特别踏实。试想学生每天在这么好的环境里读书学习，是多么美好的事情啊！

经过十天的培训，我心里的那种充实感一直鼓励着自己，一定做一个好老师。我问自己，原来不是一个好老师吗？答案是肯定的。我给予学生关怀与鼓励，给学生在思想方面做疏导工作，但这些只是部分孩子，需要教师关怀的孩子其实还有很多。古人说：“师者范也。”有那么多值得我学习的榜样，我没有理由不去努力钻研业务，学习教学教育理念，做一个更有价值的教师。

著名教育家陶行知说过：“一位进步的教师，一定是越教越要学，越学越快乐”。

❀本文作者系中学体育高级教师，体艺教研组长。

体验未来教育

——英特尔未来教育培训心得 / 张 鸿

作为一名参加工作十八年的教师，有机会参加了这次为期八天的英特尔未来教育的培训，我感到非常荣幸。这次培训，给我留下了非常深刻的印象。在参加培训之前，我对“英特尔未来教育”基本没什么了解，以为就是一般的电脑技术方面的学习。甚至在进行了第一天的培训后都还不完全清楚我们到底要学什么？随着培训的层层深入，经过讲师不断地讲解，我对“英特尔未来教育”的认识才逐渐明朗起来。

一、什么是“英特尔未来教育”

“英特尔未来教育”是以教法革新为特色，体现了信息技术与其他学科的充分整合、探究式学习、面向整个学习过程的评价等特点。它通过对在职中小学教师的培训，使他们获得将信息技术整合于学科教学的技能与方法。“英特尔未来教育”是一种基于现代教育技术的，以学生为中心的，培训教师如何实施研究性课程和问题导向式学习的信息化教学设计的培训，旨在提高教师的信息素养、革新的教学观念和信息化教学设计的实践能力。项目给我们提供了一个好的思路，让我们更好地审视师生双向的教学活动，彻底改变了过去传统的师资培训观念和模式。

二、英特尔未来教育培训的教学目的

通过培训，使中小学各学科教师学习和掌握全新的教育理念、教学方法和先进的教学手段。它的最终目标是要求每一位教师和所教的每个学生都要学会运用信息技术和资源进行交流和学习，让学生在学习过程中学会学习、学会合作、学会总结、学会创造，培养学生的创新思维、动手技能、团队合作精神和研究能力。教育理念的改变是英特尔未来教育培训的精髓。这也正是现行的新课程标准的理念。英特尔未来教育的培训给我带来了一次与现代技术接触的机会。

三、学习的最大收获

1.本次学习让我印象颇深的就是对框架问题中基本问题、单元问题以及内容问题三者之间的关系的理解。开始以为基本问题就是每节课中的最基本的问题或知识点，通过学习才知道并不是这么回事。我现在的理解是：基本问题相当于树的主干，是没有标准答案的学科领域上的大问题，有很强的开放性。单元问题相当于树的枝干，有一定的开放性，但可以通过分析、证明、判断和推理找到答案的问题。这里说的基本问题和单元问题并不需要向学生传授，而是教师必须理解，并要转化为自己的教学观念，在平时教学中要随时有这种基本问题和单元问题的观念。内容问题相当于树的细枝和树叶，是学生必须掌握和解决的问题，是学生的学习目标。我觉得掌握了这些问题，对于今后的教学将会产生很大的作用。另外，此次培训使我学到了如何制作网站的技能技巧，以及怎样用学生的身份来设计学生演示文稿。这些知识和技能，无疑给自己今后的教学实践产生指导作用。

2.通过培训，我认识到：教师如何应用计算机并将其融入现有课程，促进学生的学习，促进教师教学。自己要与同行合作，尝试新的教学方法，在现有课程基础上改进教学。把计算机作为教师和学生学习与创造的工具以及教师与学生的远距离沟通工具，再利用现有的各种教学软件，为创新性的教学做准备。

3.此次培训班的许老师力求“原汁原味”地向我们展示了该教材作者的良苦用心，也向我们展示了任课教师对教材的深刻理解。学习中，我们仔细阅读了教材，认真听讲，并悉心完成每一项作业。以计算机技术为代表的新信息技术在教育教学领域的大量运用为教学方法的变化提供了机遇，为能够充分培养学生个性和创造性的教学方法提供了更多的可能性。任务驱动式学习在这种形势下便蓬勃发展起来。任务驱动式学习的主要特征是：以学生为中心，强调情境，协作学习，学习环境、教师指导等因素对学生自主学习的支持，真正让学生成为学习的主人，使学生在学习中发挥自己的最大潜能，使我们培养的学生有较强的能力。

4.通过培训使我收获最大的是教育观念的更新。我既是教育者，也是学习者。我只有不断学习，才能不断发展。“英特尔未来教育”理念不断要求我们用教师的眼光的同时还要用“学生的眼光”去制订、修改有关的学习资源，要求我们真正学会从学生的角度去思考、去检验自己的作品，看它是否真的有用，是否符合实际教学的要求。

八天紧张而有序的培训结束了，回想这几天的培训生活，我学到的不仅是技术，更重要的是学到了一种新的教育思想和教育的理念。我想说，参加这次培训将对我自己以及我的工作、学生的未来产生意义深远的影响。虽然培训已结束，但我仍会继续学习各种关于信息技术的知识，持之以恒，努力优化课堂教学，培养新时代所需要的具有高信息技能的新兴人才。

※本文作者系中学生物高级教师。

只要行动，就会有收获

——构筑理想课堂的思考 / 王　峨

随着对新教育的实施体验，如何创设一种平等、民主、和谐、愉悦的课堂氛围，将人类文化知识与学生的生活体验有机结合起来，追求高效课堂与个性课堂来构筑新教育下的理想课堂，是我作为一线教师一直在思考与探索实践的方向。

作为音乐教师的我首先在思考如何让同学们在课堂上找到自己、重视自己。在大自然中，我们往往可以看到任何一种生命都在努力活出自己的意义，而我们的学生往往缺失对自己的重视，不能正确地认识自己。其实生活中很多人也是这样，总是看向别人，看到别人的优秀。培养和帮助同学们爱自己、关注自己，培养他们用自己已具备的聆听的能力、欣赏音乐的能力、闻花香的能力关注自己，用自己的眼睛去观察，用自己的耳朵去聆听，走进自己。所以，教师在课堂上重视每一次和同学们的交流，关注他们所表达的想法，关注他们鼓起的一点点的自信，使孩子们建立起信心、勇气来关注、表达自己。

音乐教育被称为美的教育。我认为除了欣赏体验美妙的音乐，还要有能够体验美的内心世界，也就是有感悟美的能力。美和健康有关，美和生命自信有关，美和善良有关，每一个人都是美的个体。在课堂教学中不断用这些理念潜移默化地培养学生拥有体验美的能力，是我不断努力探讨的课题。我在每一节课前都用一个干净整洁的教室来迎接同学们的到来，在教室里还刻意摆放一些小植物，钢琴上经常变换一些鲜花和摆件，有同学下课会走过来看看，还有同学会跟我要一些鲜花做移植，这里不乏男生。让学生感悟到美的细节，用细节培养体验美的能力。

新教育要求教师要根据教育事业的需要，不断调整自己的角色，总结教学经验，改变传统的教育方式。教师从过去仅作为知识传授者这一核心角色中走出来，在传授知识的同时，要注重学生个性的和谐、健康发展，更要注重学生学习能力的培养。教师不再只是传授现成的教科书上的知识，而是要指导学生懂得认识自己，找到如何发现自己的最好方法。每个人优点不一样，要在自己现有的条件下把自己发展到最好状态。总之，教师再也不能把知识的传授作为自己的主要任务和目的，而应成为学生的激发者、辅导者，各种能力和积极个性的培养者，从而真正实现教是为了不教的教学目的。我在教学中重点研究激发者、辅导者的角色，并且取得了收获，比如实验评价方式的改变。由于学生在学校不得已的原因，总是在接受各种评比排名，学生可能有名次的恐惧心理，其实我们要做最好的自己，做自己的第一名。所以在平时的教学以及评价中，我都是在结合学生的努力程度后做出评价。评价的方式以及评价的方面可以很多，目的就是帮助他们发现自己的潜能，发展自己的长处，努力做最好的自己。

我在七年级教授口风琴的时候发现，有同学不严格按照我教的指法进行练习，但是他已经能够完成好多首曲目的演奏，这是他的潜能、他的兴趣，他要探索，他要表现，我给予了他最好的评价，也帮助他做到了自我肯定。班里像这样的小专家，还真有几位。

八年级五班的朱同学因为身体原因学习受影响，但在学习口风琴时表现出了极大的兴趣，目前其他学生可以完成两个八度的许多乐曲的演奏，而我和他也已经完成了一个八度音阶的学习。他非常开心，每节课都早早来到教室等待上音乐课。

八一班金同学只有一只右手，却能够完美地完成演奏。今年参加城关区教育局举办的艺术节时，我排练了两首合唱作品参赛，其中一首歌曲《贝加尔湖畔》就让才学习了简单口风琴演奏的三名七年级的同学来演奏合唱伴奏的前奏，效果很好。现在她们成了班里的小小演奏家。

每个学生都是创造的天才。

重视自己，倡导成功体验。天才毕竟很少，但成功的人却很多，谁能活得精彩，谁能够成功，靠什么？我想，靠的是发现自己，发现自己的不可能，做到最好的自己。孩子们在其中体验到了成功的快乐，其实也就是认识了自己。

新教育下，教师必须有先进的、与新教育相适应的教育理念，并具有创新精神，要能够推崇创新、追求创新，要善于打破常规、突破传统观念，具有敏锐的洞察力和丰富的想象力，使思维具有前瞻性和独创性。总之，教师要有创新的教学模式、创新的教学方法、灵活的教学内容的选择、以创新思维培养为核心的评价标准，善于创设“创新的自由空间”，为学生提供更广阔的学习乐园。

我想我们在这些理念的支持下有一个不断实践探索的行动，就应该是理想的课堂，这就是新教育的目的。

学校加入了新教育实验，为我们勾画了美好的教育理想，构建理想课堂应该是学校每位教师共同的、永恒的追求。我作为一线的教师更应该做好自己的工作，和学校合力打造和优化我们的教育。

我坚信，只要行动，就会有收获。

※本文作者系中学音乐高级教师。

让爱的教育枝繁叶茂

——学习新教育有感 / 海　燕

想让自己成为一个新教育的身体力行者，首先要从改变自己开始，做一个理想的教师是我行动的目标。

用心去爱学生。朱老师在书中说："一个教师不在于他教了多少年书，而在于他用心教了多少年书。"用心的前提是什么？无非就是"爱"，爱这一职业，爱自己的岗位。正如书中所说的，"理想的教师应该是一个充满爱心的教师，深得学生喜爱的教师，能放下教师的'架子'，教育离不开爱。爱的教育，是教育力量的源泉，是教育成功的基础"。就如夏丏尊先生所说的那样："教育没有情感，没有爱，如同池塘没有水一样。没有水，就不能称其为池塘。没有情感，没有爱，也就没有教育。"作为一名教师，我们的工作对象是学生，我们的工作和任务是要培养有理想、有道德、有文化的新人。一位合格成功的教师应学会如何去爱自己的学生。

教师爱学生，首先要做到的是尊重学生。自尊心是人的心灵里最敏感的角落。一旦自尊心受辱，轻者就此一蹶不振，重者进而愤世嫉俗。现在的学生普遍在家里被父母长辈溺爱惯了，接受信息的途径非常多且新潮，小学高年级学生处于青春期发育的第一阶段，他们的逆反心理很强，经不起教师的批评和责骂。所以只有尊重我们的学生，尤其是学生的人格，才能拥有一群灿烂的健康向上的学生。有人说，“没有爱就没有教育”。在我们的教育过程中，教师的爱心是唤醒学生和谐美妙的音乐，是激发学生动听悦耳的语言，是照亮学生黑暗中的明灯。教师富有爱心可以和谐融洽师生关系，教师信任学生，学生尊重教师。教师富有爱心，可以给学生创造宽松愉悦的心理感受，便于学生形成健康的心理。

要相信每一个学生。为人师表还要能推己及人，以彼之心，度己之腹。一件事情，从某一角度看是不可忍受的，而从另一个角度看却未必没有可谅之处。个别学生总无法及时完成作业，这对于老师而言，就是一个不认真至少是不重视学习的学生。然而从学生的角度来看，没有及时完成作业或许有别的原因，可能是客观原因（如家庭因素），可能是自身原因（如这个学生可能上课没听懂，作业不会做），也可能是作业量超出了他能负荷的范围……作为教师，应设身处地思考，才能解决问题。时时用“己所不欲勿施于人”告诫自己，做到为人师表，尊重学生，相信学生，赢得尊重，赢得信任。

做一个教育的有心人。在教坛埋首耕耘了许多年，我目睹教育现状，也产生了很多困惑，对于这些困惑，我却寻觅不到完美的答案。感谢开展的这次读书活动，让我聆听朱永新教授的新教育思想，让我审视自己所做一切的意义，让我寻找到一条自我突破、自我发展的道路。朱老师说：“一个理想的教师，他应该是个天生不安分、会做梦的教师。”“一个优秀的教师，必须具有远大的理想，不断地给自己提出追求的目标，同时要有激情。人要会做梦，优秀的教师要永远伴随着自己的梦想。当生活没有梦时，生命的意义也就完结了，教育就没有了意义。”

同时，新教育给了我启示，教师应该有自己独特的教学个性。教师不应该人云亦云，要有自己独特的教学思路和主张。教师要善于发现自己的个性和业务方面的独到优势，在夯实自己教学能力的基础的同时，培养出自己独特的教育理念和教学个性，要求教师对自身要有清晰的认识，并善于不断调整自己的定位，在学校环境和个人条件之间寻求平衡。当今教育，教师最缺少的就是独立人格和自由精神，导致培养出的孩子千人一面，缺乏创新能力和独特气质。教学个性本身就意味着创造力。

教师对学生要真正做到一视同仁。一个教师通常要面对几十甚至上百个学生，学生性格有好有坏、成绩有优有劣，能够关注每一个学生，并爱护每一个学生，是这教师所应具备的能力。把学生当学生看，不唯成绩论素质，不唯喜好论好恶，不唯家境论高低。有人说，关注每一个学生，就是要做到关注成绩最差的学生。我想补充一句，关注每一个学生，也要做到关注你最讨厌的学生。

教师应该对学生严而有度，只有这样才能把班级管理得井井有条。教师应有一整套管理理念和管理手段，并善于进行总结和反思。学生正处于成长发育阶段，难免犯有这样或那样的错误，所以必须按照学生的言行规范来严格要求他们，又正因为这些错误是难免的，所以对他们的要求应该有度，按照他们的成长规律，给予他们改正错误的时间和机会，不能一味地批评和指责。在语文教学中，我们要拓宽学生的阅读空间，加大阅读量，激发学生的阅读兴趣，在有效落实常规教学环节时，适当开展语文教学活动。例如：建立教室图书广角，给学生推荐精品美文，举办读书演讲活动，开展诵读古诗文竞赛，编写手抄报，走进名人名著……这些活动都是为了储备学生阅读信息量，激发他们的学习热情，培养他们阅读习惯和思维能力，也是我们教师的分内职责。当然，在开展这些教学活动时，要求教师有充分的思想准备和素材积累，在日常投入大量精力和时间，用心去完善每一次教学活动的安排与过程，活动结束后要有总结和反思。

❀ 本文作者系中学语文一级教师，语文教研组组长。

面朝大海，春暖花开

——支教心得体会 / 蔡　菲

2016年春季开学的第一天，我就接到学校的通知，被选派参加2016年“三区”人才支持计划，赴甘肃陇南边远贫困地区支教一年。当初只是抱着试试看的心态填写了申请表，没想到真是如愿以偿了。几天后，市教育局召开支教动员会，让我更加明确了支教工作的意义和价值：优化教师资源配置，促进义务教育的均衡发展，加快社会主义新农村建设。支教架起了城乡联系和沟通的桥梁，促使教师更新教育观念，深化教学内容方式，同时给学生带去了更多的知识和快乐，使教师们在相对艰苦的环境下磨炼自己的意志品质，提高自己的综合素质。从这个意义上来说，支教是一种责任，更是一种境界的体现。

我支教的学校是陇南市两当县西坡学校，经过一番准备和十几个小时的车程，我和几位同行的支教老师终于到达了两当县，县教育局领导和受援学校校长亲自来车站迎接我们。车站距离学校近40公里路程，沿途的农村初春景色让我耳目一新，浓浓春意迎面扑来，看着绵延不绝的大山，我的心却一沉，真正进入山沟了。对于自小生长在城市的我来说，对即将到来的生活不免有些忐忑。

西坡学校位于嘉陵江边，秦岭脚下，距两当县城20多公里的西坡镇上。踏入校园，就看见不大的操场，不足150米的跑道，一栋教学楼，一栋宿舍楼，一栋学生餐厅楼和锅炉房。操场往下一层是教师住宅过渡楼，周围花园中种着桂树、樱花、馍叶树，还有一些不知名的花草树木。小镇最好的建筑当属教学楼了。这些比之前想象的低矮的平房、简陋的教室漂亮很多。后来才知道，现在的教学楼是在“5·12”汶川大地震后，国家拨款建成的。地震之前学校就是我想象的样子，正是国家对边远贫困地区的儿童教育的关注和投入，才有了今天的西坡学校。我被安排住在宿舍楼，校方为我提供了一些必要的灶具碗筷和电暖气。感受到领导的热情和教师们的淳朴，我心中有了踏实感。

学校当晚给我安排了一个班的语文课和英语课外兴趣小组的活动。尽管出发前已有心理准备，但对于承担了多年中学英语教学工作的我而言，这里上课无疑是一个不小的挑战。怎样上好语文课？学生应该怎样管理？为了圆满地完成这项任务，我虚心向原校语文老师请教授课方法和技巧，积极认真地听其他老师的课，与他们探讨语文课教学模式，以提高自己的语文教学水平。因为英语和语文同是语言类课程，所以在教学中，我把在英语课的授课经验应用在语文课中，比如词汇学习时，用联想法、归类法、形声形意结合法，引导学生利用工具书、参考书自主学习，使学生学习效果大大提高，逐步形成自主学习的意识。在教学过程中，我发现学生的听课习惯极差，也没有良好的学习习惯，对语文课兴趣不浓。“兴趣是最好的老师，习惯决定一切”。于是，我从培养学生的习惯做起，不断教导他们应该怎样听课，应该什么时候记学习笔记，当自己走神时摇摇脑袋告诫自己要认真听课，当同学发言时应该做到安静倾听，反复强调预习与复习的重要性，天天检查督促学生进行预习、复习，促使学生养成良好的学习习惯。不仅如此，还帮助学生制订课外阅读计划，要求把课外阅读时习得的好词好句抄写下来，每周一检查好词好句本，表扬做得好的学生。为了激发学生的学习兴趣，每周安排两次“讲故事”的活动。刚开始，我亲自挑选有趣的故事讲给学生听，并对故事人物或内容进行简单评述，慢慢地，同学们听上了瘾。我以学校举办的演讲比赛为契机，提出请同学们自己来讲故事。同学们热情高涨，纷纷要求加入讲故事的行列中来。通过这项活动，既提高了学生的口语表达能力，又激发了学生的阅读兴趣。两个学期过去了，学生们上课状态有了很大改观，养成了良好的习惯，学习语文的风气渐浓。

回想起第一次在操场上与孩子们聊天的情形，一个八九岁的孩子说："我喜不喜欢语文课，就看老师的课上的好不好了。"这句话让我印象深刻，也成为我克服困难的一种动力。曾经和孩子们一起阅读童话《幸福是什么》，他们最终明白了幸福要靠劳动，要靠很好地尽自己的义务，做出对人类有益的事。妈妈的幸福就是精心抚育孩子，看到他们健康成长。孩子的幸福就是帮助妈妈做家务，妈妈脸上露出的微笑。老师的幸福就是勤恳教书，学生学有所获。终于，我迎来了春暖花开，与幸福不期而遇。

与天真可爱的孩子相处，快乐与爱时时充盈心中。我把带来的糖果分给他们，他们却要把糖果留给妈妈，把他们认为最好的东西留给亲人。他们把国家配发的儿童营养早餐拿去换一个个馒头带回家，只因为妈妈想吃。他们用省下的零花钱买来小花放在讲桌上，他们利用放学时间来布置教室，只因为明天是教师节。这一切感动着我，让我以爱回报。下课时，学生们围着你问东问西，看着你批作业，看着你批评其他学生，像一群毛茸茸的小鸭子，让你感到做"鸭妈妈"的责任。上课的第一天，班主任就告诉我，孩子们爱跳舞，可是条件所限，没有老师教，没法学。看到孩子们渴望的眼神，我决定放弃下班和周末时间，和学生们一起排练六一儿童节的舞蹈。一群完全没有舞蹈基础的孩子，常常因为一个舞蹈动作做不好而流泪。最终登台表演的那一刻，我想孩子们和我一样骄傲着、幸福着。

这里的老师们经常在一起谈论学生的教育问题、教学问题，感慨如今社会上的不良现象。我经常能听到老师们轻松愉快的玩笑，看到他们在乒乓球台前灵活的身影。老师对于城市学校的教育情况比较关注，经常会和我交流，从他们的话语中我能感受到他们心中的希望和憧憬。他们对待自己的工作很负责，每天精心备课上课，关注每一个学生的发展，给每一个孩子发展的空间和机会，让每一个孩子都负责一项工作，锻炼学生的实践能力。我感觉这里虽然是乡镇，生活条件艰苦，但是老师们敬业的心和我们一样。与他们相处久了，自己的心也会静下来。带着平和的心态，用平静的眼睛再来审视自己，不忘初心，做一名纯粹的教师。

支教工作虽然仅是短短的一年，但很充实。通过这一年与老师们的深入接触，我收获到了真挚的情谊。我在生活中遇到困难，是他们不遗余力地帮助我，时不时给我带来自己种的新鲜蔬菜，拿来自己钓来的鱼，请我去家中做客。放学后，我和老师们一起在山间远行，周末约老师们一起挖野菜、登山，在林子里野炊，一起看河里成群的野鸭子，踏着皎洁的月光散步，那是生活、生长在城市中的我没有体验过的，亲近自然，清新而有活力。临行前，学校为我践行，三四个老师还有学生家长来为我送行，那份感动我将铭记心中。

这一年的历程，在我的教学生涯中写下意义不凡的一页，也是对我人生经历的一次极大丰富。支教这一年来，不但要克服城乡生活习惯不同带来的不适应，更要克服因水土不服、蚊虫叮咬带来的身体的不适。临出发前，八十多岁的老父亲叮嘱我不要为他们担心，安心工作，支教是一件有意义的事。父母都身患糖尿病。父亲还患有脑血栓、耳聋。母亲更是病情严重，患高血压，还有严重的阿尔茨海默症，生活不能自理，2016年期间曾四次住院治疗，而我却不能在病床前服侍，只能心怀愧疚。但是不管遇到多大困难，我还是不断告诉自己，一定要坚持下来，尽自己最大的努力做好本职工作。现在，我可以大声说：“面朝大海，春暖花开。”

❀ 本文作者系中学英语一级教师。

生本教育培训心得体会 / 司芙蓉

2016年6月，我在静宁路小学参加了成都康校长《生本教育》讲座的学习，通过这次生本教育学习，渐渐有了点自己的想法。生本教育既是一种教育理念，也是一种教学模式。生本教育课堂，就应该是充分发挥学生的主体作用，采用自主探究、合作交流的学习方式，让学生积极参与到学习中，构成积极、欢乐、高效的课堂，它的核心就是“一切为了学生，高度尊重学生，全面依靠学生”，是以生命为本，关注学生的终身发展。

通过了解生本教育，我知道了什么是一个真正优秀的教师。你教的学生取得了让你满意的成绩，这不是完全的成功，成功的另一方面还要看你有没有让学生体验过教育给他带来的无穷快乐，你为学生素质的提高做了什么，你为学生今后的发展提供了哪些帮助。

一、学生们得到了释放

生本教育的理想就是：找出一种教育方法，使教师因此可以少教，但是学生可以多学。生本教育就是让学生成为课堂真正的主人，教师仅仅是学生自主发展的指导者和引领者。以前在我们的课堂上，往往是教师们喋喋不休地讲个不停，学生们干巴巴地坐在那里听。学生只是在听教师讲，而他本身并没有真正参与到学习中来，即便是教师在课堂上设计了“小组合作”环节，但也只是“蜻蜓点水”，学生学习的积极性可想而知。在这种教学模式下，学生的主体性并没有真正体现出来。生本教育不是要求教师放弃讲解，而是抛出有价值的问题，让学生你一句、我一句地讨论，体现学生是学习的主人。在课堂上给学生充足的空间，让他们自主交流、展示成果、互相质疑，在合作、交流、质疑中主动学习，获取知识和解决问题的能力，经过自己的实践获得知识，使他们特别有成就感，自信心增强，在这种氛围中学习，学生很放松，他们得到了释放，对学习更加有兴趣。

二、教师的角色呈现出翻天覆地的变化

以前在课堂上，我总是像一个老大妈一样唠唠叨叨，生怕学生听不懂，总是反反复复讲个不停。自从接触了“生本教育”理念后，我才意识到，我这样的教师太强势，而且我发现在教学中我们太自作多情了，很多时候我们一厢情愿承担了许多工作，渴望学生按照我们设计的方向去发展，但到最后却往往是自己失败。

康校长指出：“教育的本质是（在教师帮助下的）儿童发展。”从这句话中可以看出康校长对于教师这一角色的重新定位。教师的职责就是帮助，帮助的意义仅仅是激发和引导。康校长引用苏霍姆林斯基的话说：“只有能够激发学生去自我教育的教育，才是真正的教育。”“生本教育”思想不是要求教师有超出专业要求多么高的知识水平，而是有指导学生、激发学生产生学习的动力，学会学习的方法的能力，教师的这种对学生学情的驾驭能力，是与教师在平时教学中不断积累经验、不断进行反思离不开的。学了一段时间的“生本课”，我最大的困惑就是不知道在课堂上该说些什么、不该说些什么，一开始总感觉本节课的知识点应该由学生来生成，自己尽量不多说话，但是后来才知道，教师应该学会恰当地引导孩子，并不是什么都不说，要把握好一个度，这一点还需要在今后的课堂上继续努力探索。

三、生本过程中遇到的问题

我们通过看教学视频发现，生本课上的孩子们都是自信的、快乐的，当学生从自己的研究和探索中发现规律，并且找到解决问题的方法的时候，我感到非常意外和喜悦。但是，有的时候我是憋着一股气，每次都在想：孩子

们怎么这么不会合作？语言表达能力怎么这么欠缺？每次做总结时怎么总是说不在点子上，还那么啰唆？实际上，他们的表现其实很正常，因为在前期，我们并没有在课堂上有意识地培养孩子在这些方面的好习惯。现在，我们刚刚开始接触生本教育，作为教师都是新手，很多地方做得都不够，更何况是孩子们呢？但是，通过看他们的变化，发现他们在学习上冲劲十足，自主意识很强，慢慢有了合作意识，有了学习上的创新意识，我深切意识到，孩子们的潜力是无穷无尽的。

康教授在《教育走向生本》中说："快乐的感受是人更好学习的情感基础。快乐的日子使人聪明，使人产生心理的兴奋和生理的活跃。在兴奋中，他会获得最高的学习效率和最好的学习效果。"康教授的"生本教育"思想对我们的课堂改革确实有很好的指导作用。当今社会日新月异，教育改革已成为时代教育的主题。及时改变传统的教育思想，投身到教育改革中来，我们的教育才有出路。

在今后的教学中，我要继续学习生本教育理念，将生本教育深入开展下去。真正把学习的自主权还给学生，引导他们自己去探索、去发现，在反复验证的过程中学习知识，使他们真正成为学习的主人。自己也要学着做一个魅力教师，从而让自己的课堂更加有魅力。

※ 本文作者系中学数学一级教师。

孩子，打开你的心门，我想走进来

——教育就是真诚的付出 / 王江涛

教师真诚的付出就是那一米阳光，可以使坚冰融化；教师真诚的爱就是那一缕春雨，可以使枯草发芽，就是那神奇的魔术棒，可以点石成金。

带班十五年，我所接触到的孩子绝大多数都是进城务工子女。这些正处于成长发育关键时期的孩子在成长的关键期都缺少父母在情感上的关注与呵护，所以产生了一系列的行为问题。他们性格不稳定、易冲动，行为具有攻击性，言行举止粗俗，甚至品行也会有问题。

记得在一次月考监考中，我的班上有一名孩子就让监考教师头疼不已，甚至气得那位年轻的监考教师当众落泪。原来，发卷子时给他多发了一张，监考教师在巡考时发现多出来的卷子，问他为什么不上交，他理直气壮地说："多一张卷子有什么稀罕的，又不是我自己拿的，何况我又不吃它！"周围几个孩子唏嘘声不断，惹得那位监考教师大庭广众之下难过落泪。

我知道了这件事后，第一时间就想狠狠地教育他，问他为什么这么不尊敬教师，这么无视考场纪律？可是我又有些担心，害怕我们之间沟通不好，最后达不到教育的效果。他是一个父母长期打工、无人管教的孩子。仔细一想，我前几次对他简单粗暴的教育不但没有解决多少问题，反而增强了他的抵触情绪，让我们之间的距离越来越远。我冷静下来，开始认认真真地去思考解决方法。

我轻轻地去敲他的心门

“孩子，你这会心情好些了吗？你能说说今天在考试时为什么会说那么一句话吗？你现在想想那么说对吗？”我和他坐在校园长条凳上，平心静气地交流着，我努力地想让他多说些，我可以当一名听众而不是一个教育者。我想引导他将心中的情绪宣泄出来，因为他是一个父母不在身边、长期失落、缺乏交流的孩子。他告诉我他厌学，他很孤单，心情很低落，他想父母，他想通过自己的一些举动和行为引起周围人的注意。

他慢慢地打开心门

没有哪个学生天生是一块顽石，在他们的内心深处都有一块最柔软的地方。我知道对于他来说，渴望得到父母的关爱是他最想却又最难实现的愿望。我想到了视频。对，他们之间可以视频。我联系了他的父母，把孩子和我交流的一些信息告诉了他们。我和他的父母约定，每周星期五下午班会课时间，让孩子在我的办公室和他们“见见面”。我想把这个礼物作为我打开他心门的钥匙。星期五下午班会课时间，我在办公室打开了手机视频，然后把手机递给了他。屏幕那头，父母轻唤他的乳名，他先是惊讶，后来便号啕大哭。一个身材高大、浑身有着和老师使不完的犟劲的他，那一瞬间变得那么脆弱和柔软。在他给我鞠躬说声谢谢时，我知道，那一刻，他心中的情绪宣泄出来了，他的心门开启了。

我缓缓地走进他的心门

这份定期的礼物让孩子看到了我的真诚和真心，之后的交流顺畅多了。他的脸上有了笑容，能积极参加班上的劳动和活动，并且自觉抵制坏人坏事，有什么解决不了的事先来找我。而我也用放大镜似的眼光将他点点滴滴的改变作为全班宣扬和鼓励的一个重点。孩子在逐渐改变，虽然学习方面还有待提高，但是待人接物、为人处事方面已经有很大改善。有一次，在我们交谈中他这样说道：“王老师，我知道自己有很多不好的地方，我也想改，就是改不了。有的老师说我就是拖班级后腿的那个坏了一锅汤的东西，我就自暴自弃。你没放弃我，我就觉得你对我挺好的，我还愿意待在学校里。”我想我已然走进了他的心里。

“漂亮的孩子人人都喜欢，而爱难看的孩子才是真正的爱。”“让每一个学生在学校里抬起头走路。”这是苏霍姆林斯基心灵真诚的召唤。对孩子真诚的付出，宽容、理解和鼓励就如春风化雨、润物无声。真诚的教育能诱发孩子的自省，使他鼓起前进的勇气。在前几天，教育局弘扬苏雁芝教育思想的沙龙活动中我听到了一个“鸡蛋理论”：如果从外边打破一枚鸡蛋，它就会碎了，变成食物；如果让鸡蛋自己从里边打破自己，它就会孵化出新生命——小鸡。教育方式难道不像一枚鸡蛋吗？从外打破是压力，从内打破是成长。我们要用真诚和真心触摸到每一个孩子内心深处最柔软的地方，看到一颗颗鲜活的心，从而才能引导和教育他们从内打破自己，换取成长。

❀ 本文作者系中学英语一级教师，兰州市市级骨干教师，
九年级年级组长，现任九年级七班班主任。

如何在课堂阅读教学中提升语文素养 / 邹　宏

“一位语文教师，如果确实教得学生能够熟练地运用民族语、能读会写、能言善听，则厥功至伟，此外还有什么呢?”这是中学语文界著名的特级教师钱梦龙经过几十年的探索和实践提出的教学感悟。“能读会写、能言善听”看似简单，其实包含了学生应获得基本的语文素养。九年义务教育阶段的新课程标准要求：必须面向全体学生，学生获得基本的语文素养。语文课程应激发和培育学生热爱祖国语文的思想感情，引导学生丰富语言的积累，培养语感，发展思维，初步掌握学习语文的基本方法，养成良好的学习习惯，使他们具有适应实际需要的识字写字能力、阅读能力、写作能力、口语交际能力，正确地理解和运用祖国语文。同时，语文课程还应通过优秀文化的熏陶感染，提高学生的思想道德修养和审美情趣，使他们逐步形成良好的个性和健全的人格，促进德、智、体、美诸方面的和谐发展。

那么，如何提高初中学生的语文素养是摆在我们面前的严峻问题。在语文教学中，提高学生的语文素养，阅读教学担负着重要任务。语文与其他学科不一样，主要靠“学得”“习得”，而不仅仅靠教师的“教得”。围绕“听说读写”，语文教师常常是反复地教，可很多学生仍然是读书费解其意、作文不得要领。某些问题，虽知道了答案，但从真正掌握意义上说，还是不会。数理化学科追求的多是“标准”，而语文追求的却是“妙趣”。一个词在这里是败笔，到了那里可能就是“生花妙笔”。因此，要想真正获得语文的能力，最重要的是培养对语文知识的情感和养成良好的语文学习习惯。

语文阅读教学的本位是对语言的玩味与感悟，以及对语言背后价值取向的感知和人文精神的悦纳。陈钟梁先生语：“语文课是美的，这种美潜在语言深处。”那么，就让我们领着学生们去寻找并享受这种美吧。具体来说，要引导学生在哪些地方读呢？怎样才能读进去？七年级教材中选了萧红的《回忆鲁迅先生》（节选）作为一篇自读课文，该文文字量大、结构松散，在指导自读中要注意培养学生独立通读课文、梳理文意的能力。自读时要借助文旁的批注切入文体本身，为阅读引路，变无目的阅读为有目标阅读。在培养学生自读能力的同时，也要充分发挥教师的课堂指导作用。教学中可以结合本文的内容特点，结合学生的实际阅读能力，为学生提供必要的阅读方法指导，指导学生重点阅读课文字里行间塑造了鲁迅怎样的形象特点，抓住描写中的关键语句去体会，将自己的阅读感受以批注的形式简洁地记录下来。批注是我国文学鉴赏和批评的重要形式和传统的读书方法，它直入文体，多是些切中肯綮的简短语句，是阅读者自身感受的笔录，体现着阅读者别样的眼光和情怀。引导学生尊重个体阅读体验，写出个性化的批注，是教师阅读教学行为中比较重要的一项内容，也是学生尊重个体阅读能力养成的重要内容。

读写结合能力培养。该文是怀人散文的典范之作，也可看成是散文化的传记文学。这种文体主要特点是运用除虚构以外的多种文学手法，再现人物生平经历和事迹，展现人物的精神风貌，刻画其鲜明形象和生动个性。作者萧红由于跟回忆对象鲁迅之间有着直接交往，对回忆对象充满着缅怀崇敬之情，素材又来自于亲身经历，因此作品不仅富于史传性，而且富于文学性。萧红的语言细腻明丽、朴实自然，如话家常却感人至深。

一篇优秀的作品能给学生带来美的享受和启迪，学生能徜徉在其情节和优美的语言中，体会到愉悦的心情，慢慢能达到与作者共鸣，慢慢地达到忘我的境地，仿佛如临其中。一些优秀的小说、名著、诗歌、散文、戏剧、名言警句之外，对于学生感兴趣的连环画、漫画也要涉及。读了《紫藤萝瀑布》中“花和人都会遇到各种各样的不幸，但生命的长河是无止境的”，引导学生理解每个人都应对生活有正确的意识，怀着乐观的态度，在经历过种种不幸之后，仍能笑迎世界，将自己所做的一切看成一种宝贵尝试，那样，就能发现生活中的美随处可见。学生完成阅读后，适当引导学生理解背诵优美片段，抄写优美词语，并试着去写。在引导学生学会怎样选择积累内容后就放手让学生自主选择值得积累的内容，从而提高学生自主积累的能力，培养学生的语文素养。

阅读是学生的个性化行为，不应以教师的分析来代替学生的阅读实践，应该让学生在主动积极的思维和情感活动中加深理解和体验，有所感悟和思考，受到情感熏陶，获得思想启迪，享受审美乐趣。读完之后，可以要求学生写写自己的独特感受、体验和理解。当然，每位同学对于文章的感悟和理解是大不相同的，但是在教师指导的同时要给予鼓励和赞许的目光，并且长期坚持下去。“读书破万卷，下笔如有神。”只要多阅读、广阅读，学生才能心中有物，才能逐步提高学生的写作素养。学习语言文字运用是语文课程的根本任务，它与人文教育相辅相成、相得益彰。作为语文教师，要全心全意地把力气用在刀口上，最大限度地提升学生语言文字的运用能力。

真正打动人的感情总是朴实无华的，它不出声、不张扬，埋得很深。好的语文课也一样，如果能抵达情感的深处，在学生心里埋下精神的种子，经过岁月的发酵后发芽、开花，结出“真善美”的果实。这就是语文课的情感力量。

❀ 本文作者系中学语文一级教师，七年级年级组长。

浅谈初中英语教学生活化实施策略 / 马　燕

所有学校的教学目标都是向学生传授知识，使之可以学以致用。就英语而言，其教学的最终目的便是让学生们在不同场合中可以准确而熟练地使用英语进行交流。而在新课改的影响下，初中英语对教学水平提出了更高的要求，并因此采取生活化教学这一新型教学模式，试图将机械化的教学理论知识与生活化的教学手段结合起来，切实地提高学生的英语学习效果。

一、实施生活化教学的重要意义

新课标要求中学英语教学应该做到“在做中学”和“在学中用”，而这一目标最直接的体现便是英语的生活化教学，这种教学手段可以使教学活动融入真正的生活中去，最大限度地调动学生的学习欲望，引发其情感体验，使其在最贴近生活的语言材料中得到听说读写英语技能的切实提高。可以说，生活化教学在实践中为学生提供了大量的材料，对提高英语交际能力有着非常重要的作用。

二、实施策略

第一，深入挖掘教材中贴近生活的内容。

在编纂教材的时候，编纂者的编排思想是将话题、功能、任务以及结构有机整合在一起，锻炼学生的英语综合应用能力，使其在听说读写等方面得到全面提高、教材中存在这类话题，这些话题彼此独立又互相联系，每个单元均围绕着独立的话题设置内容，整本教材中各个单元的内容又会组成一个整体，使学生掌握各种各样的语言技巧。

以人教版初中英语七年级上册第一单元的“I′m watching TV ”为例，本单元重点讲解“现在进行时”语法的运用。如果教师单纯讲解语法，即主语+be+doing+名词，学生很难理解这个语法所要表达的意思，很难将生活素材应用于其中。而在生活化教学中，教师可以通过图片、视频等方式展示出这个语法的现实应用。教师可以将这些生活中极为常见的行为套用到语法中，用以表达这些人正在进行的行为，学生理解之后便可以做出正确的表达，即“I am reading/eating dinner/talking on the phone/watching TV/cleaning/doing homework”，教师给予学生以肯定的鼓励，学生产生成就感，将会积极使用这一语法来表达生活中各种正在进行的行为。而经过如此丰富的练习，学生对于语法的掌握熟练度自然得到明显的提高。

第二，创设生活化场景，引导学生进行积极思维。

若要切实地落实生活化教学手段，就要将课堂营造成与生活无比贴近的场景，使学生在真实的环境中使用语言，学生在生活化的语言环境中不断练习，有助于其巩固所习得的知识。

以人教版初中英语八年级上册的第二单元的“What should I do?”为例，本单元的教学除了需要学生学会相应的语法，还需要学生学会思考，针对不同的场合给出不同的回答。教师可以将两件“out of style”的衣服展示出来，问学生“What should I do?”，这时学生可以在引导下回答“Maybe you should buy some new clothes.”。或者，教师可以提出“argue with”自己的闺蜜，同样提出“What should I do ?”的问题，与衣服的提问相比，这个问题可以给出更多的答案，学生基于如此贴近自己日常生活的问题，可以结合自己遇到的类似情况，给出自己曾经采取的行为，如“You should say you are sorry.”或是“You should write a letter to her.”，也可以是“Maybe you could go to buy a gift for her.”。

第三，采取角色扮演或游戏等形式来增加教学内容的特色。

每个人在生活中都扮演着不同的角色，英语的生活化教学也离不开学生的角色扮演。以上节中的例子为例，教师除了自身进行引导，还可以安排多名学生参与到上述场景中来，由不同的学生扮演不同的角色，学生在近乎真实的场景中运用自己学习的语法和词汇，既提高了学生的学习热情与积极性，也巩固了学生的学习所得，最后提高了学生的交际能力。

当然，还可以通过“生活化”的游戏来提高学生的参与热情。以人教版初中英语七年级下册的第六单元的If you go to the party为例，此单元的教学目标意在传授“主将从现”时态这一知识点，教师可以做出“If you”的假设，学生针对可能举行的“party”进行思考，根据自身的特长给出答案，然后根据自己的回答在同学们面前做出相应的表演。这样的课堂既实现了语言的教学，也添加了“游戏”的成分在其中，可谓是“寓教于乐”，学生将会更加积极地去学习，对相关语法的记忆也因游戏而更加映象深刻。

英语教学生活化的理念有着教育学、心理学以及英语语言学的理论基础，它与学生的实际生活紧密联系，注重学生的主体地位，注重教学过程的情景设置，注重培养学生的语言运用能力和交际能力。通过情景教学法、交际教学法、合作教学法以及活动教学法，我们可以将生活化教学的理念贯穿到教学实践中。当然，我们强调生活的教育意义，并不完全用生活来取代教育，因为生活具有零散性、直接性、具体性等特点，强调生活的重要意义，并不否定英语学科本来的系统性和科学性，而是在此基础上增添时代的源泉和生活的气息，使学科更具活力，因此我们要走出对英语教学生活化的误区，要不断加强和深化对它的理论研究。对于任何一门学科的教学，教师要善于拓展它的外延，把课堂教学的触角伸向社会。课内外结合，会使学生在课外生活中自然联想到课堂中的知识，从而提高生活中的教育质量。

新课标要求英语教学必须贴近生活，本文总结了数条实施策略，旨在促进初中英语教学向着生活化方向不断完善、扩展，最终取得理想的成果。

❀ 本文作者系中学英语一级教师。

改变，从天堂里“浪费”时间开始 / 陈　洁

六月的杭州，热情火辣；六月的西湖，美不胜收。十四日，随着周培植院长的配乐诗——《杭州，天堂里“浪费”时间》，领悟着吴晓波的话——“原本生命从头到尾都是一场‘浪费’，你需要判断的仅仅在于，这次‘浪费’是否是美好的”，我们本次班主任培训的序幕拉开了，而且我能预感到这是一次非同寻常的培训。果然，猴子想变成人的故事让我融入并思考了此次培训：猴子想变成人，它在想砍掉尾巴会不会很疼，砍了后身体还能不能灵活，活了这么久，不忍抛弃它，猴子的担心难道不是我们所担心的吗？实际上，改变是有一定痛苦的，改变是有一定风险的，改变在情感上有些许难受，所以，今天的“猴子”也没变成人。我明白了：杭州之行，为了改变而来，为了追求美好、增加价值的生命之旅，这样的“浪费”时间便不是浪费时间。

王曜君，四十来岁，但有很多白发，一条紫色的裤子很引人注意，但看上去不是很协调。我在想，他是怎样一位班主任？他用小学数学题“90-25=?”“土拨鼠的故事”，触动了我们七十多位班主任的心弦，大家积极发言，表达着自己的想法，气氛热烈异常，就像孩子们那般纯真。王老师时而鼓励、时而启发、时而表扬的幽默语言，时刻牵着我们在他的智慧世界里游弋，此刻的我们就像是他的学生，并且我们能体会到当他的学生的那份幸福。他为刚入学的初一的孩子搞好教室卫生、写好黑板报，第二天早早站在教室门口鞠躬迎接每个孩子的到来，和每个孩子进行眼神的交流，告诉他们这就是自己的家，并且和家长们一起制订班级目标，达成一致的共同愿望。十二次主题不同的家长会，从想办法请家长开家长会到家长主动要求开家长会，从向学生推荐并善待每一位任课老师，从天方夜谭的愿望到这些愿望的实现，无不让我们每个人叹服……他努力地改变着自己的存在，改变着教育的存在，并在这样的改变过程中把握个人存在的意义，实现对意义的承担，这就是一位浙派名班主任的智慧。我想，我的改变就此开始，我要站在孩子的角度去思考问题，去解决问题，不能活在自己的世界里，要活在孩子的世界里。几天后再次见到他，他和大家热情地打招呼，尽管还是有很多白发，还是那条紫色长裤，可是却那么有魅力，那么吸引人，他的每根白发上都散发着满满的能量，已然感染了我！

孔融让梨，谦让的背后是什么？孟母三迁，何处是“我”家？岳母刺字，忠臣之死引发的困惑……今天的德育评价面临多元化，时代呼唤复合型道德人格——赵志毅教授，一位亲切和蔼的老兰州人，又为我们开启了特色的关于德育转型的一课，“一位教师的启示”案例让人潸然泪下：那个邋遢、上课不专心的小男孩泰迪总是被汤姆逊老师批评，给他作业打叉号。一次偶然的机会让汤姆逊老师意外发现一年级老师给泰迪的评价：聪明、面带笑容、整洁礼貌，他让周围的人都很快乐。二年级老师说：泰迪很优秀，但他母亲患了癌症，他很担心，家里生活一定不好过。三年级老师说：母亲过世，他很努力表现，但父亲总不在意，若再没有改变，他的家庭生活将严重打击泰迪。四年级老师说：退缩、没兴趣、没朋友、上课睡觉……汤姆逊老师好自责，好羞愧！在圣诞节来临时，他收到了泰迪的礼物，别人的礼物是用缎带和包装纸装饰的，而泰迪的礼物却是牛皮纸捆起来的。汤姆逊老师看到此状更是难过，她当着全班同学的面拆开泰迪的礼物：一条缺了宝石的手链，一罐只剩四分之一的香水。老师忍着心酸戴上手链，喷了香水。放学后，泰迪对老师说："老师，你今天闻起来好像我的妈妈！"等泰迪回家，老师哭了一个小时。那一天，她决定不再教书，不教阅读，不教写作，不教数学，她开始教育孩童。从此，汤姆逊老师关注泰迪，鼓励泰迪，到了学期末，泰迪已经成为班里最聪明的孩子之一。一年后，汤姆逊老师收到泰迪的纸条，上面说汤姆逊老师是他遇到的最好的老师。六年过去了，泰迪高中毕业，成绩排全班第三，而汤姆逊仍是他最棒的老师。他一直坚持学习，即将获得学位毕业，他再一次告诉汤姆逊老师，她是他这一生中最棒的老师。又过去了四年，汤姆逊老师又收到泰迪的信，说汤姆逊老师还是他一生中最棒的老师，而这封信的署名是泰迪医师。隔年春天，泰迪说他遇到了生命中的女孩，要结婚了，但他父亲去世了，希望汤姆逊老师能参加他的婚礼，并坐在新郎母亲的位置。汤姆逊老师答应了邀请，还戴了当年泰迪送她的手链，喷了同一瓶香水（是泰迪母亲过世前最后一个圣诞节用过的香水）。他们互相拥抱，泰迪告诉老师："汤姆逊老师，谢谢你相信我，谢谢你让我觉得自己很重要，让我相信我有能力去改变自己！"汤姆逊老师热泪盈眶地告诉泰迪："泰迪，你错了，是你教导我，让我相信我有能力去改变自己。遇见你，我才知道怎么去教书。"汤姆逊老师和学生泰迪的故事引导我如何去教书，思考如何做孩子生命中的贵人。

三位全国知名语文老师，利用他们语文学科的智慧管理着班级、教育着学生，也让我们大开眼界、受益良多。

周慧老师爱学生，了解学生思想动态，也有他的方法：经常"察言观色"，偶尔"捕风捉影"，牢记"兼听则明"，要有"禁区意识"。他就是用他睿智的眼光发现了班里一个不自信、不优秀的孩子的特长——画漫画，从此鼓励他，并成就他。所以，教师要善于发现孩子身上的闪光点，坚信每个孩子都有优点，坚信每个孩子还有未被挖掘的潜力，而且要坚持用全面发展的眼光来看待学生。同时，周老师自己也深受启发，用漫画来评价学生，给每个孩子用适合的漫画来鼓励、激励孩子们，孩子们也非常有兴趣。他还自创诗歌给每个学生，他给一个比较不珍惜时间的女生写了这样一首诗：

教室后面的钟摆 我想对她说
不停地回转 钟摆啊
仿佛在为你徘徊 你能不能
滴滴答 滴滴答 慢点走 慢点走

每一声 有个小姑娘

呼唤的都是你的名字 请你等等她

这样的方式，给了孩子温暖的成长空间，给了孩子一抹真实的成长记忆，给了孩子一段丰富的成长体会。《第33个学生》等多本孩子们自创的小说，都无不展示了周老师对孩子们智慧的教育。

诸向阳老师用微课程创建完美教室，他和孩子们一起吟诵流传千古的佳句，让学生在轻松、愉悦的环境中了解我国独有的诗词文化，让看似艰涩的古诗词变得灵动、亲切，在潜移默化中将古典诗词嵌入了学生心中。讲座的过程中，大家也随诸老师一起吟诵，气氛甚好，在这美妙的氛围中，与会的每位班主任都明白了，只要潜心去寻，时时处处皆微课程。课文中可以找到，地域里可以寻见，问题中会产生。致力于微课程，用文学的力量去触动学生心中柔软的部分。诸老师说："微课程，既不是指计划，也不是指教材，而是包括愿望、设计、材料、困难与克服、犹豫与坚定、胜利与失败在内的全部过程。在这个过程中，教师与学生共同穿越、共同抵达、共同成长。课程就是一段旅程，就是师生用脚走出来的道路。" 陈群英，一位普通乡村小学教师，用经典浸润课堂，以诵读经典为载体，以诵读活动为突破口，倾心打造书香班级，感染每个孩子，让孩子们沐浴唐风宋语、收益古韵新风。

任为新教授用一系列的经典视频，睿智地为我们诠释了美育。其中，老和尚教育小和尚的电影片段让人印象深刻。在任教授博学的解读下，这个教育故事愈发"饱满"，也让从事教育行业的人士充满遐想和思考。教育要走进学生的心灵，要站在孩子的角度去思考、解决问题。我们经常说，教育要有爱，那到底怎样的爱才是最合适的、最恰当的？在座的班主任积极发言，描述着自己对爱的理解，而孙义农教授的一句话，让我对爱的理解有了清晰的认识：爱就是无条件接纳。想想我们惩罚批评过的孩子中，有多少我们不知道的故事。该改变了，从改变自己对孩子的态度开始，走进他们的心里，感受每一个鲜活生命的独一无二和与众不同。我们的职业虽普通，但神圣，点滴意识的改变可能就足以改变成百上千个孩子的一生，因为戴一江校长说，"每个健康的生命都是柔软的"。

十来天的杭州之行，我们为改变而来，带着改变的心情离开；十来天的时间"浪费"得如此美妙、如此感慨。专家、教授、浙派名班主任、乡村一线优秀班主任们博学、幽默、深入浅出、浅入深处、生动典型、妙趣横生的案例信手拈来，让我看到了他们独特的魅力。对杭州名校求是集团（和家园小学）和东园小学的参观让我大开眼界，感受到了浓浓的校园文化，领略了名校班主任们工作的风采。我真正感到要学习的东西实在太多，我们不能只教会学生知识，只注重学生的成绩，更应该给学生创造一个良好的校园环境，让其身心都朝着健康的方向全面发展。同时，让自己的工作方法能真正做到“与时俱进”。

❀ 本文作者系中学化学一级教师，校安办主任，现任七年级五班班主任。

不忘初心　执着前行 / 刘丽萍

最近家里书桌上添了一副朱红色的小相框，里面放着我跟儿子的照片。那天是4月22日，在小区广场，我抱着儿子，儿子在洒落一身的艳阳下搂着我的脖子，亲吻我的脸颊。时光荏苒，七个月的时间就在这匆匆的忙碌中，在儿子成长的欢笑中流逝了。今天，看着这张照片，内心感慨良多。

我是个心思细腻的人，人生中的很多重要时刻都能清晰记得，也在闲暇时用文字去记录它们，日子流逝了，琐事占据的心灵可能在某一个深夜，在翻开的日记本中，在熟悉的笔记中，又回到自己经历的时刻，那是非常美好的一种享受，至少我愿意沉浸在这份美好中。

走上三尺讲台，带领学生朗诵汉赋唐诗宋词一直是我学生时代的梦想。2010年，我的梦想变成了现实，从那时起，我是幸福的，也是幸运的。在三十二中六年的任教生涯中，我感受最深的是梦想实现的自豪和孜孜以求教学路中的困惑。我困惑新教学理念和教学实践中的错顿感，困惑秉烛夜读构思教学设计和相去甚远实际中的失落感。多少个日日夜夜，我想通过自己的热情、付出和严谨的态度去实现我心中教师的样子，可我至今依然难以排遣心中诸多不解与苦闷。因此，当能够去上海参加培训，能够走进华东师范大学学习，能够和长征中学的师生一起交流，我深知机会难得，理应好好把握。还记得临走的前一夜，爱人又一次提起当初在大学时我对教学实习的钟爱。爱人以前也是一名教师，而且神圣一般喜欢着、尊重着教师这个职业，虽然现在他已不在讲台，但我依然能感受到他多么喜爱教师这个职业。他总觉得我是幸福的，他也发现了我的浮躁、疲倦，他时常和我说起“疲倦所做的工作是不可饶恕的罪过”。我不知道这句话是不是他自己的版本，但细想确实如此。是啊，我最初的梦想不应在渐逝的日子里迷路，即使有不安，有困顿。

此次去上海参加培训，时间虽然不多，但收获颇多。新课程改革强调学生的主体地位，提高了学生学习的兴趣。同样的知识，不同的老师教，学生乐学程度就大不相同，教学效果自然就大相径庭了。所以从这一点看来，语文教学要“为学生服务”，同样的知识要有针对性地考虑不同学生的求知要求，时时从学生的角度思考问题。另外，与大学老师和长征中学同行们面对面交流，这样快捷和便利的学习方式也影响着我的思维方式。在这里，我的视野更宽阔、思路更清晰，在实践中遇到的困惑在与大家的交流中迎刃而解。通过培训，我深刻地认识到作为一名教师，要坚持不断地学习，积极进行知识的更新。随着我国经济的高速发展、教育现代化工程的不断推进，当前以多媒体与网络技术为核心的现代教育技术的迅速兴起，正猛烈地冲击着各学科的教学。在网络理论下，知识突破了原有书本的限制，不再以点的形式出现，而是以流的形式传递，使教学观念、教学主体、教学方法、教学过程和教学形式都发生根本改变。传统的“以教师为中心，靠两支粉笔一张嘴”的教学模式已不能适应新课程“主动、探究、合作”学习方式，传统观念下的“师者传道、授业、解惑”“闻道有先后”的观点，也将被基于新课程教学提出来的“教育要为学生的终身发展奠定基础，让学生学会做人，学会求知，学会合作，学会实践，学会创新”的理念所取代。教师应与时俱进，适应时代的发展，做好自己的角色定位，充分利用网络环境激发学生的求知欲，提高学生的实践能力，培养学生的创新精神，促进教与学的改革深化。

此次培训给了我前行的动力，课改的实施对于绝大多数语文教师而言，都是一场新的革命。作为教师，要有自己的教学理念，把握住语文课核心理念的转变，是适应语文新课程改革的根本前提。在日常的教学工作中，教师之间将更加紧密地合作，与不同学科的教师打交道，现代教师所面临的挑战，要求教师保持开放的心态，树立终身学习的意识，进行多方位的学习。现在的语文教学的内容，已经不是单一的语文知识，而是涉及多门学科的知识，这就要求教师要完善自己的知识结构，使自己具有更开阔的教学视野。学会和同行合作，吸取多人的经验，协调一致。对学生的评价，不仅看学生成绩，还要多发现和发展学生多方面的潜能，重视知识的运用、实践能力和创新意识，不搞题海战术，减轻学生负担，促使学生主动学习。所以在今后的教学中，我应抓住每一天、每一节课，关注课程改革，积极主动地参与到课程改革中，从各方面挑战自己，改变自己，完善自己。培训中，教师们富有启迪的话语、令人耳目一新的见解、精彩的点评、生动的举例、全新的理念无不使我震撼，教师们的学识、儒雅无不使我敬畏，他们引领我对语文教学改革有了更深层次的思考，我深感自己的灵魂得到提升、视野逐渐敞亮。

❀ 本文作者系中学语文一级教师，现任九年级一班班主任。

家庭教育对孩子的重要性 / 石亚俐

教育孩子，从来都是一件大事，牵动着千千万万父母的心。有些孩子进入幼儿园，或者步入社会，或者与同伴相处时，会感觉到很难合群、很不适应。因为现在的孩子大部分都是独生子女，几个大人围着一个孩子，孩子就出现以“自我为中心”、自私、霸道、任性等不良的情况。作为家长，应该正确教育引导孩子，给孩子营造良好的家庭氛围，从中让孩子学会关爱、学会分享、学会尊重，形成良好的品德和性格。

一、如何让孩子学会关爱

爱是人类美好的情操，让孩子学会关爱将是他们迈出成功的第一步。父母应该注意培养孩子“关爱”的能力，让孩子懂得爱是双向交流，他们不仅有接受爱的权利，也应该回报爱，表达爱的义务。

（一） 营造良好氛围，播种爱的种子

教育来自于生活，更离不开家庭中最亲的人。妈妈对孩子的爱是无私的，教育孩子回报妈妈的爱，也是让孩子具有感恩的珍贵品格。在家庭教育中，孩子就像妈妈的一面镜子，播种行为就会收获习惯。为了让孩子健康成长，父母也应该积极播种爱的种子，营造良好的氛围，让孩子从小体会“爱”的真谛。心理学家罗伯特·班杜拉认为：孩子的行为是通过观察和模仿学得的，而孩子最常见、最直接模仿的就是父母。

（二）正确引导孩子学会关爱，了解爱是相互的

现在的家长对孩子太过溺爱，让孩子不知道还要去关爱别人。比如有个妈妈随口喝了一瓶孩子手中的王老吉，孩子就哇哇大哭起来，要妈妈还他的王老吉，甚至让妈妈吐出来。看到这样的情景，妈妈很无奈——是孩子一生下来就不会爱别人吗？不。那么“爱丢失症”的根源在哪里？是父母的“极度关爱”“无限从容”滋长了孩子的自私，是孩子心中有自己没有别人。

父母教育孩子从身边的小事做起，当父母回家时，可以让孩子主动拿拖鞋，削苹果给父母吃。在吃饭时，可以让孩子给父母夹菜。父母对孩子的举动可以加以表扬和鼓励，时间久了孩子就会形成习惯。爱是双向交流的，只有年幼的孩子学会关爱父母，才能在未来的时间里学会关爱他人。

二、如何让孩子学会分享

分享是指孩子与他人在情感与物质上的共享，是一种亲社会行为。它的对立面就是“独占”“独享”“多占”。孩子分享行为的发展，是孩子建立良好的伙伴关系、形成健康个性的基础。与人分享不是孩子自发的，而是有成人教给孩子怎么去做，久而久之才形成的。

（一）营造彼此之间分享的氛围，树立榜样

现在的孩子大都是独生子女，孩子与他人分享的机会就更少。在幼儿园，只要是自己喜欢的玩具都说是自己的，把好的东西都占为己有，这种行为就是“独霸”。这种行为不仅影响孩子自身的健康发展，而且还会影响孩子之间的交往和感情。

父母在孩子心目中是最亲最信的人，是孩子模仿的重要对象。父母的日常行为、言行举止和情感态度随时对孩子的发展产生影响。当然，同伴也是孩子观察学习的榜样，比如：小朋友分享生日蛋糕等典型例子，也会激发其他孩子向他学习。在家中，如果有两个孩子，但是只有一个西瓜，这就需要家长的引导，让孩子分着吃。

（二）告诉孩子你做得真好

孩子总喜欢被表扬，因此，不管是物质享受还是情感享受，当他们有

了分享行为时，家长就应及时用鼓励、奖励、激励的方法来促进孩子的分享行为，他们就会感到愉快和满足，从而加强和维护自己的行为，逐步内化为自己的意识。这样不仅能使孩子得到正确、适当、长效、深刻的行为教育，同时还有助于孩子学会注意、体会别人的情绪情感，有助于社会情感认知的培养。

三、如何让孩子学会尊重

尊重别人是一种美德，尊重别人就是对他人的理解和善待。孩子在不同的成长阶段都有固定的行为，有些行为如“喜欢插嘴”等，在大人看来这是被喜欢的行为，但这些行为却是孩子们最自然的表现。家长可通过言传身教，在潜移默化中引导孩子培养良好人格。

（一）尊重孩子

有个妈妈为了给自己的孩子更好的教学环境，没有经过孩子的同意，就给他转学，傍晚妈妈去接孩子，孩子却说：“妈妈，我一点都不开心，我想我原来的老师。”短短两个月，孩子又重返原来的幼儿园。妈妈对当时的做法表示很后悔，希望孩子回到原来的幼儿园时，还能找到自己的快乐。要得到孩子的尊重，首先要尊重孩子。尊重孩子要从关心孩子心理需求入手，只有孩子的心理需求受到尊重、关心、爱护，孩子才能学会尊重、关心、爱护周围的人。

（二）父母要做孩子的榜样

父母与他人交往时的行为、态度和方法，或多或少会渗透到孩子的言行中去。不用多费口舌，孩子就会心领神会，就会模仿。例如：父母对长辈是否尊重、孝敬，对长辈是否使用尊称，与他人谈话时是否注视着对方，是否认真聆听对方说话而不随意打断别人的发言……如果父母时时注意言谈举止，处处做出表率，这种无声的教育就会影响教育下一代。

（三）让孩子尊重他人

教育孩子首先应从尊重父母做起。父母对孩子既养又育，投入了大量情感，孩子在任何时候都应该尊重父母。其次，让孩子尊重除父母以外的人。

孩子一天天长大，离不开社会的教育，更离不开家庭的教育。家长多留给孩子一些时间。只有家长花时间和精力用心教育孩子，孩子才会茁壮成长。

❀ 本文作者系中学语文二级教师，现任七年级一班班主任。

聆听专家讲座　感悟教育智慧 / 虎晶晶

为促进广大教师积极探索和研究微课程设计和制作，促进现代教育技术与学科教学的深度融合，2016年4月15至20日，北京市师本信息科学研究院组织了第三届“师本杯”全国中小学微课程设计大赛暨中小学微课程设计高级培训，我有幸参加了这次培训。

这次培训让我又一次感受到了教改理念的冲击，领会到了微课程“微而精，小而奇，内容少，蕴意深，从小处入手，解决一个问题”的独特魅力。随着信息技术的快速发展，移动学习、混合学习、个性化学习将会越来越普及。在信息化教学环境下，以教师的“教”为主的传统课堂教学模式将被打破，取而代之的是以学生的“学”为主的现代教学模式。在这场颠覆性的教学模式变革中，微课程教学、翻转课堂教学等发挥着很大的推动和主导作用。

在各位教授几天的讲解中，我初步认识了“微课”这一门新的课程。他们指出，“微课”是指以视频为主要载体，记录教师在课堂内外教育教学过程中围绕某个知识点或教学环节而开展的精彩教与学活动的全过程。微课短小精悍，一个议题、一个重点、一项活动都是针对学生学习中的疑难问题设计的，非常适合学生自主学习。通过学习，我了解到一节微课能否设计得好、教学效果是否良好，知识点的选择和分析处理非常重要。因此，在设计每一节微课时，我首先慎重选择知识点，并对相关的知识点进行科学的分析和处理，使它们更符合教学的认知规律，学习起来能够达到事半功倍的效果。微课主要有以下特点：

（1）教学时间较短：教学视频是微课的核心组成内容。根据中小学生的认知特点和学习规律，“微课”的时长一般为5分钟至8分钟，最长不宜超过10分钟。因此，相对于传统的40分钟或45分钟一节课的教学课例来说，“微课”可以被称为“课例片段”或“微课例”。

（2）教学内容较少：相对于较宽泛的传统课堂，“微课”的问题聚集、主题突出，更适合教师的需要。“微课”主要是为了突出课堂教学中某个学科知识点（如教学中重点、难点、疑点内容）的教学，或是反映课堂中某个教学环节、教学主题的教与学活动，相对于传统一节课要完成的复杂众多的教学内容，“微课”的内容更加精简，因此又可以称为“微课堂”。

（3）资源容量较小：从大小上来说，“微课”视频及配套辅助资源的总容量一般在几十兆左右，视频格式必须是支持网络在线播放的流媒体格式（如rm、wmv、flv等）。师生可流畅地在线观摩课例，查看教案、课件等辅助资源，也可灵活方便地将其下载保存到终端设备（如笔记本电脑、手机、mp4等）上实现移动学习，非常适合教师的观摩、评课、反思和研究。

（4）资源组成/结构/构成“情景化”：资源使用方便。“微课”选取的教学内容一般要求主题突出、指向明确、相对完整。它以教学视频片段为主线，“统整”教学设计（包括教案或学案）、课堂教学时使用到的多媒体素材和课件、教师课后的教学反思、学生的反馈意见及学科专家的文字点评等相关教学资源，构成了一个主题鲜明、类型多样、结构紧凑的“主题单元资源包”，营造了一个真实的“微教学资源环境”。这使得“微课”资源具有视频教学案例的特征。广大教师和学生在这种真实的、具体的、典型案例化的教与学情景中易于实现“隐性知识”“默会知识”等高阶思维能力的学习，并实现教学观念、技能、风格的模仿、迁移和提升，从而迅速提升教师的课堂教学水平，促进教师的专业成长，提高学生学业水平。同时，微课为教师教学活动的组织带来了新要求，制作微课要精练、美观、实用。

精练就是要求教师在录制微课之前，准确把握教材，全面分析班级学生情况，从学生的学习基础和容易出现的问题入手，通过典型例题使学生迅速达成教学目标。微课中的讲解要通俗易懂、语言简洁。一节微课的播放时间一般控制在5分钟左右。

美观就是教师在设计微课时要注意动静结合、图文并茂，注重字体、字号、颜色、图片、声音、动画等合理搭配，错落有致，录制时要使整个视频简洁、清新、流畅。

实用就是教师要做到心中有学生，在微课设计时不仅要考虑到教学的重难点，更要关注本班学生的基础、兴趣、习惯等，制作的微课要能适合自己的学生。

这一次培训给了我们接受高端教育的机会，让我们开阔了眼界、丰富了知识、打开了思路，我们不仅对微课有了更加深入的认识，也对先进的教学方式和方法有了进一步的了解。通过本次培训，我更清楚地知道了新课程改革对教师提出的要求。以前往往只局限于一根粉笔、一本书的教育模式，这已经远远不能适应今天的教学要求。我们要以更宽阔的视野去看待我们从事的教育工作，不断地提高自身素质和教育教学水平，不断地总结自己的得失，不断地提高认识，才能适应教育发展对我们教师的要求。

在信息技术日新月异发展的今天，在教育部努力实施教育信息化的大背景下，我们每个人都应该加强学习，不断充电，尤其是学习先进的信息技术，掌握信息技术并应用于教学已成为每位教师的必备素质之一。

我校近几年在多媒体信息技术教学硬件环境改造上投入了很多，比如为有些教学班装备了交互式电子白板、增加了带宽、装备了新微机室等。我们每个教师应积极利用这些多媒体设施，要敢于尝试将信息技术与学科整合。其实很多技术并不复杂，只要我们敢用多用，就会越用越熟练，信息技术水平自然会越来越高，也希望我校教师能积极探索，在微课程制作这一领域有所作为。

总之，通过几天的学习，我收获颇多、感触颇深，在获得知识的同时，也认识到了自己在理论素质、工作水平存在的差距和不足，今后，我要把握住各种学习的机会，本着做一名小学生的态度，向各位优秀的授课教师学习，向实践学，向身边的教师学，通过多种途径、采取多种方法丰富自己的知识，努力锻造自己、提高自己，使自己成为一名符合新课程教学要求的教师。

※ 本文作者系中学物理二级教师，德育处干事。

德育启蒙

——让学生爱上阅读 / 李爱霞

高尔基曾经说过："书籍是人类进步的阶梯。"读好书能给我们带来许多实实在在的好处。培根先生也说过："知识就是力量。"在我国，早有古人云："书中自有黄金屋，书中自有颜如玉。"可见，古今中外的人们对读书是情有独钟的。书籍是我们了解历史和认识世界的一扇窗。人类的智慧和文明，只有书籍可以保存。书籍是经验教训的结晶，是人类宝贵的精神财富，是采掘不尽的富矿，是走向未来的基石。读书是人类重要的学习方式，精神的提升和传承必须通过阅读实现。著名的哲学家弗洛西斯·培根就读书一事做了著名的随笔《谈读书》一文，数百年来发人深省，在整个世界文学史上都占据着重要地位。"读史使人明智，读诗使人灵秀，数学使人周密，科学使人深刻，伦理学使人庄重，逻辑修辞之学使人善辩；凡有所学，皆成性格"，"读书足以怡情，足以博采，足以长才"——这真是关于读书的精辟之语。古亦有云："腹有诗书气自华。"闲暇时读书可谓是一种高雅而又有意义的娱情，让人静心，使人沉淀，涵养情志，书读到了一定程度，整个人的气质性情都会发生改变。人的生命有限，而读书可以超越时间与空间的界限，使每个人都有可能与人类文明的瑰宝进行无障碍对话，无限地拓宽我们生命的长度，增加生命的厚度，发掘生命的深度。可见，读书之于每个人的重要性。

我越来越重视培养学生爱读书的习惯，这来源于自己德育教学工作中的一个小事例。在今年毕业的学生中，有个比较特别的女生启迪了我关于书对孩子的重要性这一问题的思考。这个女孩来自于一个自幼父母离异的少数民族家庭，她对父亲有限的记忆就是他的游手好闲和对母亲的谩骂殴打。后来，母亲偷偷带她逃出了那个家庭，开始了在城市打工的生活。一无所有的她们生活过得很辛苦，常年租住在条件简陋的小民房里，可尽管这样，她的母亲一直坚定地供她上学读书。女孩也很懂事，自小学以来学习认真、成绩良好。但是，特殊的家庭环境也造就了她自闭孤僻的性格，她总是默默地来学校，默默地上课，默默地按时完成作业，她从来不参加班级或学校的活动，也从不在公共场合大声说话。这样的状态自然影响了她的学业，初一第二学期的时候，她的成绩只算中等。有一次，班上组织了以阅读为主题的班会课，学生和老师带来一些课外读物，然后在班会课和自习课上自由阅读。我特意将自己喜爱的《平凡的世界》借给了这个女孩，希望书中人物的精神带给她鼓励和支持。让我没想到的是，结果好得出乎我的意料。自那之后的两周里，我每次课间进教室都会看到这个女生在读那本书，模样非常专注。一个月后的读书汇报课前，我私下里和她聊了聊读这本书的感受，并鼓励她，希望她能做好准备在全班分享她的感受。在汇报课的时候，女孩第一次站上讲台，努力大声地给大家讲书里人物的故事，并朗读了她最喜欢的两个段落。她的朗读很深情也很自信，是全班做了分享的几个学生中做得最好最打动人的一个，我们所有人都给予了她高度的赞赏和热烈的掌声。从那以后，这个胆小自闭的女孩子慢慢变化成长了，她会主动跟我借书并交流读书感受，也会借阅同学们的书，并向有些同学推荐一些书目。甚至于在她的影响下，有相当一段时间，我们这个班级的很多学生似乎都迷上了阅读，这种氛围甚至感染了我这个班主任。这种状态对整个班级的学习氛围产生了极大的影响。女孩的成绩也逐渐提升，在最后的中考中以优异的成绩考入了西北中学。

网络上有一句非常流行的话："你走过的路和读过的书，都会成为你的气质。"对这句话，我深以为然。对于中学生来说，读书不仅有助于塑造孩子良好的道德品格和健全的人格，并且是激活学生认知发展最重要的启迪方式之一。学生对于知识的掌握，大多是基于自己的思考，是在互相启发、质疑当中进行的，而学生在阅读的过程中，会在潜意识中对自己感兴趣的内容进行思考和探索，从而在与先贤对话的过程中，不断形成和发展属于他们自己的观点，而这个过程正是智慧启蒙的过程。苏霍姆林斯基曾经讲过，一个学校可以什么都没有，只要有了为教师和学生精神成长而提供的图书，那就是教育——因为“一个人的精神发育史，就是一个人的阅读史；而一个民族的精神境界，很大程度上取决于这个民族的阅读水平”。如果一个教师能够正确引导，为学生营造一个良好的阅读氛围，让一个班级耳边尽是书声琅琅，眼前尽是书香浓郁，学生与好书为友，把阅读当作一种生活方式，那么这个教师的德育工作一定会事半功倍。例如，一进教室门，学生就可以看到“一个人的精神发育史，就是一个人的阅读史”“今天你阅读了吗”之类的标语，可以想象，在这样的一种阅读氛围中，学生们自然日日都有阅读的意识，时时都可能迸发出阅读的热情。这样的班级，学生还会在课余时间大吵大闹吗？日日读书的孩子，还会满嘴脏话吗？接人待物，还会不知礼节吗？我想是不会的。因此，怎样评价阅读对于一个学生成长的意义都不为过。正因如此，作为班主任，努力营造书香班级，通过创造浓郁的阅读氛围，整合丰富的阅读资源，开展多彩的读书活动，让阅读成为学生最日常的生活方式，是很重要的。这样坚持下来，必然能提升学生的知识水平和认知能力，完善学生的人格，塑造学生的气性。所以，让学生爱上阅读，是班主任德育工作的一条捷径。

就我个人经验来说，我一直觉得一个养成了读书习惯的人是一个自由而幸福的人，之所以能这样说，是因为阅读给予人的精神以自由，而精神上的自由便是一个人一生最大的幸福。因此，让学生爱上阅读、学会阅读，在阅读中不断完善自己的人格，增加自己的见识，是很重要的。如果什么时候，当一个学生在学习之余想要放松的时候，想到的不只是看电视、玩游戏，而是能拿出自己喜爱的读物安静地阅读，且丝毫不觉压力和烦恼，那么，教师就成功地为人类文明多培育了一个热爱阅读、身有书香的公民。因此，让学生爱上阅读，沉浸于书香之气，其实是教育的一种莫大的成功，也将会是学生生命中莫大的幸运。

❀ 本文作者系中学英语二级教师，现任九年级四班班主任。

让初中生喜欢上中学体育课 / 马宽余

初中体育课教学对于体育教师来说是一个巨大的挑战。面对巨大挑战，必须要有良好的教学方法。初中体育课教学的初衷是激发学生兴趣，为终生体育做好坚实的基础。针对初中生身心发展特点，制订学习目标、学习计划。因材施教，坚持以学生兴趣为基石，才能实现学生的终生体育愿望。

《体育与健康课程标准》提出以“健康第一”为教学指导思想，要求初中体育教学以学生为教学主体。从这就可以看出，初中体育教学是让学生成为教学的根本，不是传统的灌输教学方式，更注重的是学生自主探究、自主学习的学习方式。教学方法的选择直接影响教学效果，因此我们一定要有好的教学方法。

一、初中体育课的发展现状

1. 传统的初中体育课是以准备部分、基本部分、结束部分为主，体育教师围绕着这三大块做文章。准备部分是以跑步、徒手操为主要内容，基本部分就是以教学大纲为基本内容，结束部分以放松操为主。教学过程很难突破这三块固定模式，内容都是大同小异。学生基本厌倦了这些模式，对体育课缺乏兴趣，对体育运动愈加陌生。

2. 对初中不同的学年段的学生没有明确理论教学内容，理论课严重缺失，使学生的体育运动成为花架式，没有内在的“骨架”。

3. 对于教学的主体——学生而言，教学内容是一锅端，管你爱不爱足球，管你爱不爱篮球，反正就让你学。俗话说，兴趣是最好的老师，没有兴趣，学生就会对这一项运动产生抗拒心理，不会全身心地投入这一项运动。

二、初中体育课以兴趣组为教学方式进行探究

我校九年级有一位学生马某某，这位学生让学校将近一半的老师熟知，因为他有一个特点——爱打篮球。体育课上，他对别的运动就敷衍了事，只有打篮球会让他充满活力，课间十分钟，篮球场上总有他的身影，这就能看出他对篮球运动的热爱。

从案例可知，兴趣是学生运动的动机，是促使他们运动的动力。体育课堂以兴趣组为教学单位，针对不同的兴趣爱好进行分组，体育教师根据不同的兴趣组采用不同的教学方式、教学内容。教师根据分组的数量合理安排教学顺序，轮流进行指导教学，选出兴趣组长，在没有教师的指导时组织本组的学习内容。当然，不可能让学生每节课都进行兴趣练习，可以安排单周进行兴趣练习、双周进行集体教学，做到全面发展。爱因斯坦曾经说过：“兴趣是最好的老师。”兴趣是决定初中学生体育课学习效果的重要因素，在体育课兴趣组的教学中，采取各种方式，激发学生的求知欲望及学习兴趣，提高学生的体育素质。当然，初中生的身心特点也决定着他们的学习兴趣的保持。因此，教师在激发学生学习兴趣的同时，也要注意采取各种手段保持学生的学习兴趣和学习热情，巩固学生的学习成果，培养学生的竞争意识，使学生在体育锻炼中运用自己的体力、技巧、毅力去战胜对手、挑战自我，品尝成功的乐趣。

三、初中体育课理论知识的教学很薄弱

初中生对于简单的运动常识知道的少之又少，对踝关节扭伤的急救处理方式不了解，就连流鼻血的处理方式都模糊不清。在运动中难免有运动损伤，学会基本的急救措施是很有必要的，体育教师可以借鉴西方体育教学方

式，教给学生独立生存技巧和一些急救处理方法。希望体育教师能够加强学生的理论课学习，并教会他们活学活用。

总之，体育课不是简单的四肢运动，“文明精神，野蛮体魄；静若处子，动若脱兔。内外兼修，文武双全；独善其身，兼济天下”。让学生喜欢上体育课，让学生在体育课上学到知识和技巧，学到规则，学到体育精神。

❀本文作者系中学体育二级教师。

求　索 / 李　凡

走出大学校门，我荣幸地成了兰州市第三十二中学教师队伍中的一员，开始了自己人生新的征程。经过一段时间的执教，我明白了教师这个职业的沉重分量，前辈的经验之谈也为我以后的工作初步地指明了方向，对我日后的教育工作有很大的意义。在教学期间，我深深地知道了作为一名教师，一言一行都是学生眼中的榜样和标准。教师的言行直接影响着学生未来的品德发展。教师必须具备高尚的职业道德，这一点非常重要。

我觉得教师的职业道德集中体现在教育责任感、关爱学生和工作效率上。教育事业关系着下一代的身心发展，关系着祖国建设的明天。教师的工作责任感应该是极其强烈的，只有强烈的责任感才能带动工作的热情和动力，才能让教师真正意识到自己职业的重要性并投入全部的精力。教师要时刻注意自己的言行并留意学生的反应和变化，为学生树立好的榜样，改正不良的习惯。如果缺乏对学生负责的心态，又如何将工作热情融入自己的工作中呢？更别谈兢兢业业地为学生服务了。

光有责任感还是不够的，教师不应只成为学生的导师和帮手，更应该是学生的朋友。关心、爱护学生是一个好教师最起码的道德标准，是强烈责任感的体现和升华。关爱学生首先应当是对学生人格的尊重，以公平客观的态度去看待和评价每一个学生，不能以偏见、片面的态度对待他们。除了关心他们的学习以外，还应关注他们的心理健康，引导他们向着积极、乐观、上进的方向发展。除了关心他们在校的行为，还应了解他们课堂以外的生活，以便及时、适当、全面地帮助和引导他们健康成长。

教师除了职业道德以外，还要有合理的知识结构。一般来说，教师的知识结构应包括以下几个方面：

1.扎实、系统、精深的专业知识。教师最重要的任务是通过具体的教育活动，全面提高学生素质。专业知识是教师进行教学的物质基础。

2.掌握教育学、心理学以及现代教育技术学等教育学科知识。这是作为教师有别于其他行业必需的重要知识。教育学知识深刻影响着教师的教育理念，心理学知识对于与人打交道尤其是与未成年人打交道的教师来说，更是必要的知识储备。现代教育技术，尤其是多媒体技术已成为传递信息的重要手段，在教学中被普遍采用，对教学改革起到了十分重要的作用。多媒体教学可以使自己的教学更加生动、形象，还可以使教学的信息得到及时反馈，有利于教师及时调整教学策略，提高教学效益，以期达到事半功倍的效果。

3.掌握广博的文化科学知识。教师不仅要精通本专业知识，而且要掌握广博的一般文化科学知识。中小学教师是未成年的孩子们认识这个世界最重要的引路人，所以教师必须具有广阔的知识视野、丰富的知识构架，不仅要有历史、地理、民俗风情、生活方式、文学艺术、行为规范、价值观念等方面的知识，还应该对自然科学有所了解。如果没有丰富的知识构架，很难想象被我们影响的孩子们的视野会是多么狭隘。

4.要有健康的身体和心理素质。教师的工作是艰苦的，是智力和体力的双重支出，教师只有具备良好的身体素质，才能适应这一长期、复杂、持续紧张的工作。教师良好的心理素质是教学成功的重要条件，教师突破自我，鼓励学生勇于创新，是难能可贵的品质。而永不满足、甘为人梯的精神，为学生树立刻苦钻研、不断进取的榜样，是教师良好心理素质的体现。教师具有健康的心理素质，才能面对各种挑战。

作为一名新教师，在日后工作中要学习的东西有很多很多，碰到困难是在所难免的。只有通过反复地研究和领悟，才能真正成长为一名合格的人民教师。选择了教师这个职业，就要怀着一颗为学生无私奉献的心，带着对学生全部的爱走上讲台。这一信念不仅是促进新教师成长的内在动力，更是作为一名教师应当时刻谨记不能丢弃的精神支柱。

要加快新教师的成长步伐，就必须以教育教学理论为指导，结合理论反思，在反思中真正做到理论联系实际，在实践中不断总结与升华自己的理论水平和实践能力，不断提高自己的教育教学水平。

教学反思不是一般意义上的“回顾”，而是反省、思考、探索和解决教育教学过程中各个方面存在的问题。如果一个教师仅仅满足于获得经验而不对经验进行深入的思考，他将永远不会上升到一定的理论高度，只能做一个“教书匠”，而不可能成为教育专家。

搞好教学工作，教师需要有扎实基本功。俗话说得好：“打铁先得自身硬。”对新教师来说，刻苦钻研，练就一身过硬的本领是根本。

1.深钻课程标准及教材

课程标准是新一轮课程改革理念、目标、内容的具体体现，是教师教学的依据。只有深入钻研新课标，才能明确教学目标，恰如其分地掌握知识深度，同时要吃透课标对知识的限定范围，以便胸有成竹地把握好知识的广度。

2.悉心备课

备好课是上好课的首要环节。备课在备教材的同时，关键是备教法。只有在教法上狠下功夫，教学才能成效显著。现代教学的标志是：教学的重心由教师转向学生，由书本转向经验，由课堂转向活动。教师教的目的是调动学生学习的积极性和思维活动。在教学目标确定方面，要充分体现对不同年级的学生在知识与技能、过程与方法、情感态度与价值观等方面的不同要求。要充分发挥新教师计算机知识丰富的自身优势，大胆探索基于网络环境下的自主学习。备课要注重学生的个别差异研究，不同学生的学习难点往往不同，只有有的放矢，才能收到实效。

总之，通过一学期的教学实践，我更加坚定了自己立足课堂教学、积极进行课堂教学改革与研究的信念，也明确了自己今后课堂教学中需要改进与努力的方向。

※本文作者现任七年级三班班主任。

我的教师路 / 马晨溪

作为一名新踏上教学工作岗位的新进体育教师，经过几个月的教学实践，我深感教育工作者的艰辛与不易，刹那间对这份神圣的职业多了几分敬畏。在工作中，我体会到体育教学工作的特殊性与专业性，感受到作为一名体育教师肩负的压力和责任。

处在初中年龄段的学生本身就精力充沛，但是学业压力又大，所以孩子们几乎把所有能爆发的能量都积攒在了体育课上释放。从开始上课就要提着劲，集合、整队、游戏、放松，一点都不能松懈，一节课下来要用上给高年级学生上课的三倍的精力。初一年级学生还有一个让人头疼的地方：学生很难集中注意力，对事物集中注意力能维持的时间很短，很多时候真是喊了半天，人家根本视你为无物，几个人凑在一起玩得不亦乐乎。整节课几乎1/3的时间要花在强调课堂纪律、组织性的教学上，感觉一节课都没有讲什么内容。

对于低年级的学生纪律性、组织意识差的问题该如何解决？如何提高高年级学生对体育课的兴趣，提高锻炼意识？对此我进行了一定的自我反思，咨询前辈并查阅资料。在对不同年级进行教学之前，我必须先做好如下准备工作：

在开学初，我重点抓了广播操，因为刚升初一的学生，有的学生不会这套新的广播体操，如不及时抓紧学习和矫正，一旦学生养成坏习惯，纠正起来会比较困难。

（1）加强对学生的思想教育，使学生真正认识到做操的重要性和必要性，培养学生重视做操、自觉做操、坚持做操、认真做操的良好习惯。

（2）体育教师要正确运用示范。示范是体育教学的主要教学方法之一，通过示范能使学生建立正确的动作表象。因此，要求教师示范要清楚、准确、规范、优美。

（3）讲解要少而精。我在广播操教学时的讲解，主要是结合我的示范动作，让学生加深对动作的理解。口令要清楚、洪亮、准确。

（4）纠正错误动作要及时。

在广播操教学过程中，得到了学校领导和班主任的大力支持。所以，广播操质量在很短的时间内有了很大的提高。在提高的基础上，我们体育组希望所有教师都能以身作则，跟学生一起认真做操，给学生起到示范作用。

作为体育教师，对体育课和业余训练工作的重要性要有足够的认识，为培养德、智、体、美、劳全面发展的人才，为增强学生体质做出应有的贡献，这样才无愧于我们的事业和责任。体育训练工作既是脑力劳动，又是体力劳动，工作时间长，体力消耗大，没有顽强的吃苦精神和无私奉献精神是不行的。要不断充实自己，要善于积累经验，总结成败得失，勇于思考，敢于创新。所以，在新的一年里，我要注重个人的业务学习和提高，紧紧抓住课程改革这一契机，通过培训学习、观摩探讨，撰写心得体会，积累、学习教学经验，多向其他教师请教，多和学生进行交流。实践中，加深对课程的理解和领会，完善自己的教学工作，努力形成自己的教学风格，形成学习型的教学工作习惯，为学校的体育工作做出我应有的贡献。

通过这段时间的实践，我也进一步确定了自己的方向，并且有了日后工作的指南：

1.终身学习。我不仅要提升自身的专业知识，还要学习更多方面的知识，如教育学、心理学、课程改革理念等，同时也要学会做人做事。教师从事的是和人打交道的工作，如果能善于观察、研究、思考、处理好与学生、家长、同事之间的关系，工作起来就会更得心应手。

2. 提升个人魅力。作为一名教师，首先要让学生喜欢你，喜欢听你的课，进而喜欢听你的指导，这就要求个人魅力不断提升。书是最好的老师，教师要多读书，让学生感受到教师的爱，在实践中反思自我，做一位有魅力的人民教师。

3. 热爱学生。真心实意地关心爱护学生，体贴与理解学生，让学生感受到教师的爱。真诚可以是一面镜子，也可以是一种武器，对待花样年龄的青少年，除了真诚还能用什么方式来打动他们，获得他们的信任呢？我将本着对学生、对职业的热爱，做好教师的本职工作。

4. 不断反思。要想从工作中不断提高自己的教学水平，就需要反思。在不断反思与积累中获得属于自己的经验与方法，并且将这种方法深化为一种理论。

实践是最好的老师，在实践中不断探索、反思，不断完善自我。活到老，学到老，虽然有点疲惫，但是受用终生。用实际行动为教育做出贡献，同时实现自身价值。

❀ 本文作者毕业于西北民族大学，2016年聘任到我校工作。

一个小纸条的故事 / 周有强

朱永新说："新教育要做的，就是给教师和学生一种幸福完整的教育生活，一个开阔无垠的精神视野，让他们对人的内心的复杂性有更为深切的体验，不但要了解生命的伟大和宇宙的博大，而且要感受生活的丰富和人性的丰厚。"我在讲授苏教版《生物学》七年级下册第八章第二节《人的生长发育和青春期》这节课时，课堂中没收的一个小纸条引发了我对新教育的思考。

当时，我在课堂上讲得抑扬顿挫，同学们也听得津津有味，但是有一个男生一直不抬头，看起来又挺忙碌的样子。我边讲课边移动到他身边，他一边抓耳挠腮地思考，一边书写一个小纸条，连我走到他身边都没有发现，我伸手没收了他的纸条，给了他一个警告的目光后继续讲课。课后，这个男生主动到我办公室认错，我才想起来纸条事件，我打开后就发现这是一份没有完成的"情书"。这个孩子央求我不要告诉别人，并告诉我事情的经过。原来他喜欢本班的一个女孩很长时间了，他觉得这个女孩各方面都优秀，吸引了他的注意，加之看了太多的言情小说，就想通过这种方式来给女孩表达他的爱慕之意。我答应了男孩的请求，并告诉他这件事我会很快处理。

男孩离开办公室后我就开始思考，这个时期的孩子正处于青春期发育阶段，出现这种现象很正常，早恋不是“蛇蝎老虎”，如何疏导才是关键。正在我头疼如何处理这件事的时候，学校要求每个老师上交一篇关于新教育的学习心得，我就又一次拿起了这本书开始阅读。当我读到“教育是一项崇高的事业，其崇高建立于对每一颗稚嫩生命的呵护和关爱，对每一份生命尊严和质量的扶植，对每一颗纯真心灵的理解和尊重”时，回想我的成长经历以及教师生涯中的点点滴滴，我的思路瞬间豁然开朗。学习了很长时间的“新教育”，一直没有突破口，今天的这件事刚好作为我“新教育”的一个实践。

放下书本，我就以“青春期你准备好了吗”为话题，准备了一节课。青春期的孩子面临的问题主要集中在两点，一是生理发育问题，二是心理发育问题。刚好前一节课是《人的生长发育和青春期》，生理发育问题在教材中分析得比较透彻，孩子们通过学习可以掌握生理发育过程中的变化以及应对方法。但是人的心理变化总是瞬息万变的，尤其青春期的孩子，心理变化尤其明显，一方面他们有了自己的独立意识，开始向成人转变，另一方面又脱离不了依赖父母和成人的思想惯性，两种思想使得孩子们在青春期“叛逆”“多变”，只有让他们了解了自身的思想变化，正确应对青春期的困惑，才能在学习上投入更大的精力。

课堂中，我首先展示了一个常见的“纸条情书”，让学生展开“如何看待早恋”的讨论，孩子们纷纷发表了自己的看法，很大一部分同学不支持早恋，但是也有少部分同学持有不同的看法。问及不支持早恋的同学“为什么不支持早恋”时，很多学生说出“老师、家长不允许”“会影响学习”等理由，我又追问“为什么老师、家长不允许，为什么会影响学习”，孩子们就说不出来了。于是，我从青春期的性发育开始讲述：正是因为进入了青春期，每个人的性器官开始发育，由性器官分泌的性激素促使我们的身体向成人转变。在这个过程中，人的大脑发育也逐渐成熟，于是我们开始注意和享受“美”的事物。爱美是人的天性，每个人都有追求“美”的权利，这时候喜欢“漂亮”“优秀”的异性很正常，这是生物的本能。喜欢异性说明你长大了，开始向成人转变。不管是喜欢别人，还是被别人喜欢，都是很正常的生物现象，我们不应该恐慌，要正确看待这种现象。但是，青春期是学习的关键时段，由于年龄以及社会分工不同，你们还没有做好“爱”的准备，因为“没有经济基础”和“较为稳定和明确的未来”，不能“毕业一起失恋”。孩子们听了之后恍然大悟。我又以“具备爱的品质”为话题，讲到“对感情要有克制能力”和“为对方着想和负责”，孩子们纷纷表示赞同。当我展示出汪国真《不，不要说》这首诗时，孩子们一个个大声诵读：“让我们依然保持沉默，我多么珍惜，这天真的羞涩，你也应保持那青春的活泼，我们的肩膀都还稚嫩，扛不起太多的责任，等一等吧，等你的肩膀更厚实些，我也懂得了什么是成熟的思索。”那个男孩读得分外起劲和大声。

课后，这个男孩找到了我，向我要回了纸条，并且保证再也不会有这样的事发生。我开玩笑说：“你长大了还不谈恋爱结婚了。”男孩羞涩地低下了头。我和这个男孩在交流的过程中告诉他，青春期懵懂的爱情都是“青苹果”，在没有成熟的时候摘取只有苦涩，尝不到任何甜味道，只有让自己变得更优秀，才能获取完整的爱情，这也是完成学业后有自己的事业才能考虑的事。学会正视自己，通过学习来武装自己，让自己成长为一个全方位的优秀人才后，得到的爱情才是甜美的。

通过这件事，我对“新教育”有了更深的体会。很多时候，我们只是从事“教学”活动，却忽略了我们是一个“教育者”。“教学”简单，“教育”却并不简单，“教学”只是要求教师将教材中的知识传授给每一个学生，但是“教育”要塑造一个合格人才。学生在获得知识的同时，人格也要完整。所以，“新教育”强调“让每一个师生过一种幸福完整的教育生活”，其核心理念是让学校和教师共同为教育创造一个完美的教学环境，让每一个学生在这种环境下快乐学习、健康成长。“新教育”是“心”教育，教师要用“心”做好教育，在教学过程中了解每一个孩子的心理变化，同时去关注孩子成长的心灵，要与孩子心灵共鸣，做孩子成长过程中的导师，培养他们完整的人格，做一个心理健康的人。“新教育”是“幸”教育，教学对于教师、学生来说都应该是“幸福”的，教师从中获取职业愉悦感的同时，学生也能健康成长、快乐学习，从而使得教师享受教育的诗意、学生享受智慧的快乐。

❀本文作者系中学生物一级教师，办公室干事。

新教育 “心”教育 / 秦国柱

“新教育新在何处？对于我来说，当一些理念渐被遗忘，复又提起时候，它是新的；当一些理念只被人说，今被人做的时候，它是新的；当一些理念由模糊走向清晰，由贫乏走向丰富的时候，它就是新的；当一些理念由旧时的背景运用到现在的背景去续承、去发扬、去创新的时候，它就是新的。”

轰轰烈烈的新教育正在进行中，我们也毫不例外地努力前行。“铁打的营盘，流水的兵”，回顾过去，感触颇深。

一、“润物无声”

九年级一班的学生，就在毕业前的最后一个双休日，自发地将曾经学习、生活过的教室彻彻底底地清扫一遍。当有人问：“你们马上就毕业啦，这样会不会耽误学习？”“平时学校大家进进出出，也没时间；我们只好利用双休日彻底清扫。”孩子们朴实的言语让我们敬佩不已。感谢九一班的学生，从这里我们看到了班主任刘丽萍老师“润物无声”的可贵之处。新教育所提出的“当一些理念由模糊走向清晰，由贫乏走向丰富的时候，它就是新的”，此处不正是得到很好体现吗？

二、唯分数论乎

“分、分、分，学生的命根；考、考、考，老师的法宝”，真是这样的吗？新教育价值取向：追寻理想，超越自我；成长着，并快乐着；只要行动，就有收获。面对众多的学子，我们的老师写下如此的现代劝学诗。

致九年级学生

——李彦彬

相聚总是短暂
转眼又到别离
在分别的前夕
老师还有衷心的话语
不要记恨老师的严厉
因为
你空洞的眼神
让他着急
你对自己不负责的态度
让他生气
你懒散拖拉的习惯
让他纠正的特别吃力
真的
老师在乎的绝不只是成绩
还有你是否健康的身体
你的心智
你的努力
你的操行与品质
请记住
世上最关爱你的人
除了父母
就是老师
而最应关爱的
是你们自己
在你们这个年纪

要敢于拼搏
敢于进取
即使是失利
也要勇敢地站起
因为
你要对得起你自己
从此刻起
你要鼓起勇气
学会面对、奋斗与坚持
大声喊出
做最好的自己
小心谨慎，一定安全至上
查漏补缺，更需临阵磨枪

许多时候，我们常说“随遇而安”，那么什么是真正的“随遇而安”呢？遇到困难时迎难而上，拼命努力后却不纠结最终的结果，这才叫顺其自然。它是勇者奋力前行的豁达，而非懦夫放弃努力的借口。中考仅仅是我们九年级学子的一次砥砺，只有尽力，不留遗憾就好。

三、关爱学生

“教育是一项崇高的事业，其崇高建立于对每一颗稚嫩纯真心灵的理解和尊重。当教育被世俗的功利污染时，许多学校的课桌有了，精神却没了；楼房高了，思想却矮了；纯粹、人文、博爱——这些教育的本真被滚滚红尘淹没了。”新教育坚持、呼唤，并且行动了。

九年级李爱霞、辛晓萍两位老师，就在中考前的最后一个晚上还在告诫学子们：“明天就真的要奔赴中考考场，大家不要过于紧张，只有在轻松的状态下人的潜能才能发挥到极致。今天晚上要在10点前睡觉，在各科考场上一定要专注再专注，细心再细心，检查再检查！我为你们每个人加油，我祝福你们，也相信你们：你们每个人一定都能取得令自己满意、让家长欣慰的成绩！@全体成员”

我们的德育李彦彬主任，写下“寄语中考学子”“祝福中考学子”的诗句。

寄语中考学子

进入考场要镇定，每题必须审得清。

时间安排应合理，冷静仔细定成功。

祝福中考学子

中考首次搏人生，目标清楚使劲冲。

沉着冷静加细心，有志之人事竟成。

受此启发，我也写下短句——“寄语学子，考完一门，不对答案，放下一门。知识清单，牢记于心，轻装前行，尽力就好!”

我们的老教师王玉香老师在毕业之际的临别赠言时写下：“三年时光，弹指一挥间。往事如歌，忘不了，三年前我们师生相逢，那时初入校门的你们还是一群稚气未脱的孩子，三年的成长历程，你们与这美丽的校园已经融为了一体。这里有你们用过的课桌椅，这里有你们熟悉的一草一木，这里更有与你们朝夕相处的同学和辛勤培育过你们的老师……总之，这里的一切一切，都留下了你们一串串深深浅浅成长的印迹，都见证了你们青春的绚丽。”

“而今你们就要离开，这里的小草也会向你们挥手；这里的树叶也在为你们轻轻吟唱着离歌；而你们的老师，更是对你们依依不舍。因为三年来，我们已经习惯了在校园里看到你们熟悉的身影，我们喜欢面对你们那一张张可爱的笑脸，喜欢你们的顽皮，喜欢你们的率真。三年的师生情谊，似一杯浓浓的甘醇的酒，它必将历久弥香，值得我们一生去珍藏，去回味!”

“同学们，初中毕业，意味着一段教育历程的结束，但更意味着新征程的开始。今天，我们师生相向，难舍难分；但明朝，老师相信，你们必将用自己的行动证明，你们不愧为三十二中的学子，你们将搏击长空，勇往直前，不断实现自己美好的梦想。在你们即将要离开这熟悉而美丽的校园，准备踏上新征程之时，请别忘了带上全体老师对你们的殷切期望和祝福。没有比人更高的山，没有比脚更长的路。在人生的征程上，有许多个驿站，只有平时练就过硬的素质，成功的机遇才会属于你。记住：除了空气和阳光是大自然赋予的，其他的一切都要靠你的努力和奋斗去争取。”

虽然我们是一所很普通的学校，注定不可能培养出世界级的大师、顶级的院士，但我们也不能妄自菲薄，正是许许多多的社会的普通劳动者，以自己的劳动为生，同时为国家奉献着自己微薄之力，这样的劳动者同样是母校的成果。正因如此，我们可以大声地说——“我骄傲，我自豪”。

❀ 本文作者系中学物理高级教师，理化计教研组长，兰州市教学能手。

读您的感觉如沐春风 / 李维荣

2015年11月14日至23日，我有幸参加城关区教育局组织的在杭州举办的“好主任 · 好教育”中小学总务主任高端研修班。为期一周的培训，我们聆听了七位专家、教授精彩的报告，参观了五所浙派名校，感受了浓浓的名校文化。现将培训体会总结如下：

一、加强自我管理与人际管理

浙江省教育行政干部培训中心李更生教授的《学校管理者的自我管理与人际管理》报告，从细节处修炼出积极的心态：昂首走路；恰到好处的有力握手；保持微笑——“笑容”；运用手势表现你的进取精神；声音做到诚挚自然，饱含信心与精力；坦然的目光会增加你的信心，表现出豪迈的一面；把积极的思想存入你的大脑；坐在前排。

看人的几招：看一个国家的国民教育，要看他的公共厕所；看一个男人的品位，要看他的袜子；看一个女人是否养尊处优，要看她的手；看一个人的气血，要看他的头发；看一个人的心术，要看他的眼神；看一个人的身价，要看他的对手；看一个人的品格，要看他身边的好友；看一个人的性格，要看他的字写得怎样；看一个人是否有素质，要看他是不是爱贪小便宜；看一个人的胸襟，要看他如何面对失败及被人出卖；看两个人的关系，要看发生意外时，另一方的紧张程度；看一个人是不是你的知己，要看他是否和你心有灵犀，而不是要你什么都告诉他。

李更生教授用生动的语言、丰富的事例，告诉我们怎样加强自我管理与人际管理。这让我受益匪浅。

二、加强学校财务管理与内部控制

高级审计师、硕士生导师、客座教授何志方详细讲解了当前中小学校财务管理工作存在的突出问题、解决措施和建议。

1.会计基础工作较薄弱，内部控制制度及规范管理不完善。

（1）财务人员专业性不强，人员变动较频繁。中小学校的会计、出纳人员大多数不是专职人员，在学校担负着教学和其他事务性工作，工作繁杂。客观上由于学校合并、撤销，主观上由于有的学校领导重业务、轻管理等原因，形成了财会岗位不被重视，财务人员难以得到稳定的工作保障，财务岗位人员频繁调整。

（2）内部控制制度不完善，规范化管理意识薄弱。虽然中小学都有一套自行订立和推行的学校内部管理控制制度，但管理水平良莠不齐，这与内部控制制度不健全、不完善有很大关系。有章不循、执行不力、监管不严的现象时有发生，遇到问题也处理不及时。

2.会计规范化管理意识较薄弱，缺乏有力的相互制约和监管机制。在现金、票据管理方面：

（1）从银行随意提取现金，未据实报销取款。

（2）收取现金当天未及时存入银行，造成现金滞留、积压在个人手里，无法真实地反映学校的银行存款数额，也为学校的货币资金的安全带来了隐患。

（3）会计人员未及时审核出纳人员开出的票据与缴存现金是否相符的现象。

案例：某中学出纳在会计请假、学校领导将银行印鉴都由她一人管理之机，填写现金支票，采用存根记账联金额小，银行支付现金联金额大，月底又将银行对账单私藏，同时自己在电脑上伪造银行对账单，并加盖私刻的银行业务专用章的手段，将自己贪污款项的记录抹平。由于学校领导有章不循，结果是出纳的胆子越来越大，贪污的次数越来越多，金额越来越大，导致学校支付给工程队的一笔较大数额的基建款迟迟不转。

（4）存在报销的票据凭证不规范、不真实以及填列不清、审批手续不全等问题。有些问题在实际工作中确实存在，通过教授的讲解，明白了问题存在的根源，为避免问题的发生提供了有力的措施。

三、做个时尚的总务主任

章献明教授就如何做个时尚的总务主任做了精彩的报告，使我对总务有了新的理解：总理各项事务，对单位内的行政后勤工作的保障。学校总务处主要负责后勤保障、设施维护及维修、物品采购、财产保管、物品发放、会议保障的实施机构。要知道总务主任忙什么？为什么忙？忙得怎么样？

（一）明白了总务主任与校长的关系

1.校长助手，学校管理，经费使用，预算编制，物品采购，项目保障……大量工作需要总务主任先考虑计划，保障解决。

2.校长对手，同样是这些任务，总务主任要把好关，不被校长“吓倒”，唱些“对台戏”是对工作负责，对学校负责，对校长负责。

（二）懂得了如何做一个时尚的总务主任

1.知法懂法会用法，依法治校不是空话。

2.能算会用常合计，同样的钱，花到地方。

3.会管敢管常问责。

4.善用技术巧管理：规范化、数据化、网络化。

四、基于学校特色的校园文化设计

培训时参观了五所浙派教育名校，感受到浓浓的校园文化氛围，深刻体会到校园文化建设并不是简单的一座亭子、一面墙，而是整个校园的一个有机组成部分，体现的是学校的办学理念和品味，是学校文化的彰显。因此，校园文化建设应对以下几点特别关注。

（一）校园建筑中的校园文化建设

1.校园文化体现校园历史。

2.校园文化体现教育价值。

3.校园文化体现“以人为本”。

（二）校园文化体现育人氛围

杭州天地实验小学——第一所“体验式学习”的学校，从建筑物结构、建筑物点阵、建筑体层高、建筑体之间的衔接，到外墙色彩、校园绿化、室内装饰等，都以学生的年龄特点、学生的共性和个性需求、学生的正向情绪体验为主要出发点，进行合理布局和设计。

五、改变一点，人生出彩

聆听周培植教授的开班讲话，很受触动：我们为什么而来？培训是为了改变，是意识的改变。改变思想观念，确立价值信仰，寻找方向感。我们从事的职业无比神圣，点点滴滴的改变，可能就足以改变成百上千个孩子的一生。

一周的培训，意犹未尽，感触颇深。我学习到了浙派教育的理念：学校是为了孩子的学校，教育是为了孩子的教育。学习浙派教育，体会到春风的和煦，体会到教育的发展如同春芽绽放、百花齐放。

浙派教育，读你的感觉如沐春风！

❀ 本文作者系中学数学一级教师，总务主任，兰州市城关区骨干教师。

后 记

春天里，我们播下希望的种子 / 教科室

“问渠哪得清如许，为有源头活水来。”教师培训不但可以使教师健康、良好地发展，还可以激发教师新的思路、新的思维。教师新的观念和活力会给学校的教育教学带来意想不到的效果，如同为学校的教育事业注入了“源头活水”。

学校自2016年4月开始，组织教师分期分批参加了“正心明德 装备心智”的培训。组织培训旨在为教师的成长助力，为教师繁忙的工作减压，为教师疲惫的心灵筑建驿站，增强教师“心”动力，更好地发扬我校“爱的校园 乐的心田”的校风，教师将以饱满的激情投入到无限的教育原野中，为实现伟大的教育梦想而努力！

鉴于培训过程中教师良好的反响、深刻的感触，特别是令我们这些教育人都为之动容、感慨万千的是：在培训中融入的主题鲜明、生动有趣又富含哲理的游戏活动，以及之后的思考，对教育的思考……学校决定将教师的培训感悟、心得，培训中迸发的思想火花结集出版，使之绽放璀璨的光芒。

《诚乐教育新思维——以兰州市第三十二中学为例》是校刊《学习成长》的一个专题集，以心智、学科、班主任培训的感悟、心得为主，叙写教育教学实践的收获。该书共辑录稿件六十篇，分为三个部分：心智篇、善教篇、乐育篇。稿件收集历时一学年之久，期间滕立玲校长多次在全体教师大会上强调、要求，教师们也是几经修改润色，终于在这春暖花开的季节里要和大家见面了。

在此，我们要感谢学校领导的精心组织，让我们有机会集体参加如此精彩的培训；感谢学校领导贴心的支持，能为我们广大教师提供结集出版的机会；感谢教师们积极的配合，几经修改润色稿件；感谢教科室和校刊编写小

组全体教师的辛勤付出。

《诚乐教育新思维——以兰州市第三十二中学为例》承载着我们三十二中教育人沉甸甸的教育理想，绽放璀璨的教育思想火花，播种在充满希望的教育春天里，唱响“爱的校园 乐的心田”的主旋律。在创建师生幸福的起点、精神的家园的教育大道上，一定会使每一个三十二中教育人的教育人生一树花开！